완벽하게 소화하는
일본어 한자

-생활 일본어 편-

완벽하게 소화하는 일본어 한자

• 최은준 지음 •

어문학사

머리말

일본어는 한국어와 어순도 같고 문법도 비슷하여, 다른 외국어보다 부담 없이 쉽게 시작하는 사람이 많습니다. 그러나 일본어를 공부하다 보면 한자 읽는 방법, 예외적인 한자 읽는 법 등으로 일본어가 생각보다 그리 만만한 언어가 아니라는 것을 실감하게 됩니다.

이 책은 학습자가 실제로 유학이나 여행 등의 이유로 일본에 갔을 때, 이 책에서 공부한 한자를 바로바로 떠올릴 수 있도록 하는 것을 목적으로 하고 있습니다. 따라서 일본어 한자를 단순히 난이도 순이나 오십음도(アイウエオ) 순이 아닌, 상황별로 정리하여 실제 일본 생활에 직결된 한자를 효율적으로 학습할 수 있도록 구성했습니다.

예를 들어, 병원 Part에서는 병원 내에서 눈에 띄는 한자, 약 상자와 약 봉투에 쓰여 있는 한자, 병명(病名) 등 병원이라는 주제와 관련된 어구가 정리되어 있습니다.

즉, 어떤 상황이나 장소에서 접할 수 있는 한자가 하나의 Part에 정리되어 있기 때문에, 기억하기 쉽고 연관지어서 배울 수 있다는 것이 다른 책과 구별되는 특징이라고 할 수 있습니다.

또한, 일본어능력시험(JLPT)과 JPT에 자주 나오는 한자는 난이도별로 표시하여 일본어능력시험과 JPT 수험자도 흥미를 가지고 읽어 나아갈 수 있도록 구성하였습니다.

이 책이 유학이나 취직 등으로 일본에서의 생활을 앞두고 있는 학습자와 일본어 시험을 준비하는 학습자에게 조금이나마 도움이 되길 희망하며, 책이 나오기까지 도움을 주신 어문학사 관계자분들께 감사의 말씀드립니다.

저자 최은준

C·O·N·T·E·N·T·S

| **일러두기** |

* 예외적으로 다르게 읽히는 특별한 한자는 '특)'이라고 표시했다.
** ※ 표시는 한자가 뒤에 올 경우에 생기는 탁음화(")/반탁음화(°) 현상을 표시한 것이다.
*** 일본어능력시험(JLPT)과 JPT에 자주 나오는 한자는 난이도에 따라 ● 모양으로 구분하였다.

●● 고급 일본어 학습자를 위한 어휘
● 중급 일본어 학습자를 위한 어휘
없음 초급 일본어 학습자를 위한 어휘

집중 공략 한자
▼
집중 공략 한자 TEST
▼
한자 읽기 법칙
▼
미니 지식

UNIT 1

전철 · 지하철

電車でんしゃ · 地下鉄ちかてつ

전철·지하철 종류 | 電車でんしゃ·地下鉄ちかてつの種類しゅるい

普通ふつう	보통
各駅停車かくえきていしゃ	각 역 정차
快速かいそく	쾌속
→ 区間くかん快速かいそく 구간 쾌속	
特急とっきゅう	특급
急行きゅうこう	급행
循環じゅんかん	순환
列車れっしゃ	열차
路面ろめん電車でんしゃ	노면 전차
グリーン車しゃ	특별 객차 차량

집중 공략 한자 行

전철·지하철 차내 | 電車でんしゃ·地下鉄ちかてつの車内しゃない

집중 공략 한자 空

空席くうせき	빈자리
指定席していせき	지정석
自由席じゆうせき	자유석

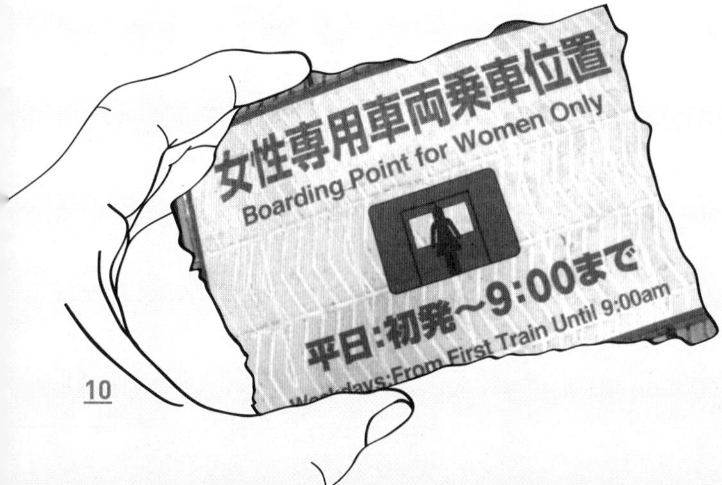

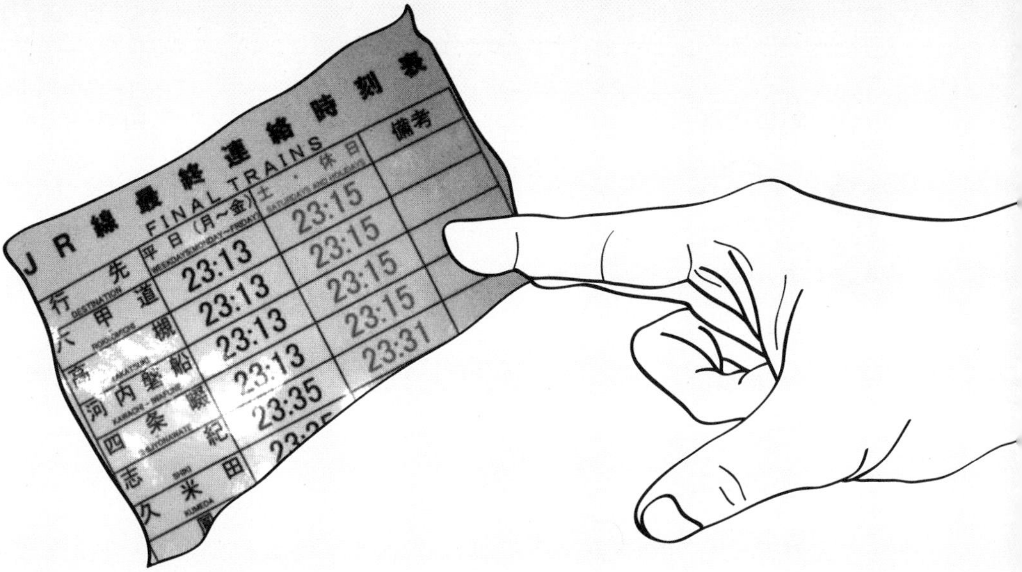

座席ざせき	좌석
優先座席ゆうせんざせき	노약자석
通路側つうろがわ	통로 쪽
窓側まどがわ	창가 쪽
食堂車しょくどうしゃ	식당차
弱冷暖房じゃくれいだんぼう車両しゃりょう	약 냉난방 차량
女性専用じょせいせんよう車両しゃりょう	여성 전용 차량
乗車位置じょうしゃいち	승차 위치
一両目いちりょうめ	첫 칸
連絡通路れんらくつうろ	연결 통로

전철·지하철 안내 電車でんしゃ·地下鉄ちかてつの案内あんない

始発しはつ	첫 출발

→ 始発駅しはつえき 첫 출발역

最終電車さいしゅうでんしゃ 막차(마지막 전철)
→ 終電しゅうでん 이라고도 함

上のぼり 상행선

下くだり 하행선

乗車じょうしゃ 승차
→ 乗車口じょうしゃぐち 승차구

降車こうしゃ 하차
→ 降車口こうしゃぐち 하차구

途中下車とちゅうげしゃ 도중 하차

停車ていしゃ 정차
→ 停車駅ていしゃえき 정차역

遅延ちえん 지연

回送かいそう 회송

延着えんちゃく 연착

車両故障しゃりょうこしょう 차량 사고

人身事故じんしんじこ (전철역) 투신 사고

1 집중 공략 한자

行

음 : コウ　ギョウ　アン

훈 : いく　ゆく　おこなう

- ● 行楽地こうらくち　행락지
- 急行きゅうこう　급행
- ● 行列ぎょうれつ　행렬
- ● 行事ぎょうじ　행사
- ● 行儀ぎょうぎ　예의범절
- ●● 行脚あんぎゃ　스님이 수행을 위하여 여러 곳을 돌아다님
- 行いく　가다
- ● 行方ゆくえ　행방
- 行おこなう　행하다

空

음 : クウ

훈 : あく　すく　から　そら

	空想くうそう	공상
	航空こうくう	항공
	空あく	(시간, 자리가) 비다
•	空すく	(속이) 비다
•	空手からて	가라테
	空そら	하늘

上

음 : ジョウ

훈 : うえ　うわ　かみ　あげる

	上昇じょうしょう	상승
	上司じょうし	상사
•	陸上りくじょう	육상
	上うえ	위
	年上としうえ	연상
•	上着うわぎ	상의, 겉옷
•	上回うわまわる	상회하다
••	川上かわかみ	(강의) 상류
	上あげる	올리다
	売上うりあげ	매상
•	胴上どうあげ	헹가래

집중 공략 한자 ▶ 집중 공략 한자 TEST ▶ 한자 읽기 법칙 ▶ 미니 지식

下

음 : カ　ゲ

훈 : した　しも　もと　くだる　さげる　おりる

	地下鉄ちかてつ	지하철
●	下宿げしゅく	하숙
●	下落げらく	하락
●	下品げひん	천함, 상스러움
●	下着したぎ	속옷
●●	川下かわしも	(강의) 하류
●	足下あしもと	발밑
●	下くだり列車れっしゃ	하행 열차
	下さげる	내리다
	下おりる	내려오다

延

음 : エン

훈 : のびる

●	延長えんちょう	연장
●	延のびる	지연(연기)되다

1 집중 공략 한자 TEST

Ⅰ. 次の下線をつけた言葉はどのように読みますか。(A)から(D)の中で一つ選んでください。

1. 急行は2番線、特急は3番線です。
   (A) きゅうこう (B) きゅうこ (C) きゅうきょ (D) きゅうきょう

2. ここでは地下鉄の定期券が買えます。
   (A) ちしたてつ (B) ちかてつ (C) ちがてつ (D) ちげてつ

3. チーターは陸上の動物の中で一番速い。
   (A) りくうえ (B) りくかみ (C) りくじょう (D) りくあげ

4. 出発の72時間前までに航空会社に電話してください。
   (A) こうくう (B) くうこう (C) くうこ (D) こうく

5. 男性の平均寿命もだんだん延びている。
   (A) えんびて (B) あびて (C) わびて (D) のびて

Ⅱ. 次の下線をつけた言葉はどのような漢字を書きますか。(A)から(D)の中で一つ選んでください。

6. 今にも雨が降り出しそうなそら模様です。

(A) 雲　(B) 宙　(C) 空　(D) 星

7. 午前10時以降はえんちょう料金をいただきます。

(A) 延長　(B) 円長　(C) 伸長　(D) 遠長

8. くだりのエスカレーターには2人の男の人がいます。

(A) 登り　(B) 下り　(C) 降り　(D) 上り

9. 選手たちは監督をどうあげした。

(A) 同下　(B) 恫上　(C) 動下　(D) 胴上げ

10. 最近ぎょうぎの悪い子供が増えてきた。

(A) 行義　(B) 形義　(C) 行儀　(D) 形儀

해석 및 정답

해석

1. 急行は2番線、特急は3番線です。

급행은 2번선, 특급은 3번선입니다.

어휘 急行きゅうこう 급행 ~番線ばんせん ~번선 特急とっきゅう 특급

정답 (A)

2. ここでは地下鉄の定期券が買えます。

여기에서는 지하철 정기권을 살 수 있습니다.

어휘 地下鉄ちかてつ 지하철 定期券ていきけん 정기권

정답 (B)

3. チーターは陸上の動物の中で一番速い。

치타는 육상 동물 중에서 가장 빠르다.

어휘 陸上りくじょう 육상 動物どうぶつ 동물 一番いちばん 가장, 제일
速はやい (속도가) 빠르다

정답 (C)

4. 出発の72時間前までに航空会社に電話してください。

출발 72시간 전까지 항공 회사에 전화해 주세요.

어휘 出発しゅっぱつ 출발 航空こうくう 항공 会社かいしゃ 회사 電話でんわ 전화

정답 (A)

5. 男性の平均寿命もだんだん延びている。

남성의 평균 수명도 점점 늘고 있다.

어휘 男性だんせい 남성 平均へいきん 평균 寿命じゅみょう 수명
延のびる 연장되다, 늘어나다

정답 (D)

해석

6. 今にも雨が降り出しそうなそら模様です。

지금이라도 비가 내리기 시작할 것 같은 하늘 모습(날씨)입니다.

어휘 今いまにも 지금이라도 雨あめが降ふり出だす 비가 내리기 시작하다
空そら 하늘 模様もよう 모습, 무늬, 상황, 낌새

정답 (C)

7. 午前10時以降はえんちょう料金をいただきます。

오전 10시 이후는 연장 요금을 받습니다.

어휘 午前ごぜん 오전 以降いこう 이후 延長えんちょう 연장 料金りょうきん 요금

정답 (A)

8. くだりのエスカレーターには2人の男の人がいます。

내려가는 에스컬레이터에는 두 명의 남자가 있습니다.

어휘 下くだり 내려감 男おとこの人ひと 남자

정답 (B)

9. 選手たちは監督をどうあげした。

선수들은 감독을 헹가래 쳤다.

어휘 選手せんしゅ 선수 監督かんとく 감독 胴上どうあげ 헹가래

정답 (D)

10. 最近ぎょうぎの悪い子供が増えてきた。

최근 예의범절이 바르지 못한 아이가 늘었다.

어휘 最近さいきん 최근 行儀ぎょうぎ 예의범절 悪わるい 나쁘다 増ふえる 늘어나다

정답 (C)

1 한자 읽기 법칙

결 → ケツ

欠 決 結 潔

欠

음 : **ケツ**

훈 : かく　かける　かかす

欠如けつじょ 결여

欠席けっせき 결석

欠かく 빠뜨리다, 결여하다

欠かける 부족하다

欠かかす 빠뜨리다

決

음 : **ケツ**

훈 : きまる　きめる

決断けつだん 결단

決心けっしん 결심

解決かいけつ 해결

決きまる 결정되다

決きめる 결정하다

結

음 : **ケツ**

훈 : むすぶ　ゆう

7과 집중 공략 한자

結論けつろん 결론

結婚けっこん 결혼

結むす**ぶ** 연결하다, 맺다

結ゆ**う** (머리카락 등을) 땋다

潔

음 : **ケツ**

훈 : いさぎよい

潔白けっぱく 결백

清潔せいけつ 청결

潔いさぎよ**い** 깨끗하다

거 → キョ

去　巨　拒　居　距　拠　挙

去

음 : **キョ**

훈 : さる

去年きょねん 작년

死去しきょ 사망

去さ**る** 떠나다

특) **過去**かこ 과거

巨

음 : **キョ**

훈 : –

巨大きょだい 거대

巨額きょがく 거액

拒

음 : **キョ**

훈 : こばむ

拒絶きょぜつ 거절

拒否きょひ 거부

拒こば**む** 거절하다

居

음 : **キョ**

훈 : いる

居住きょじゅう 거주

同居どうきょ 동거

居い**る** 있다

특) **一言居士**いちげんこじ
말참견을 좋아하는 사람

距

음 : **キョ**

훈 : ―

距離きょり 거리

拠

음 : **キョ**

훈 : –

拠点きょてん 거점

根拠こんきょ 근거

특) **証拠**しょうこ 증거

挙

음 : **キョ**

훈 : あがる あげる

挙式きょしき 거식(결혼식)

選挙せんきょ 선거

挙あ**がる** (증거가) 드러나다

挙あ**げる** 올리다

미니 지식

まめちしき 豆知識

✲ 다음은 東京(도쿄)의 지하철 노선명입니다. 한자(漢字)의 읽는 방법(読み方)을 아래 해답란에 쓰세요.

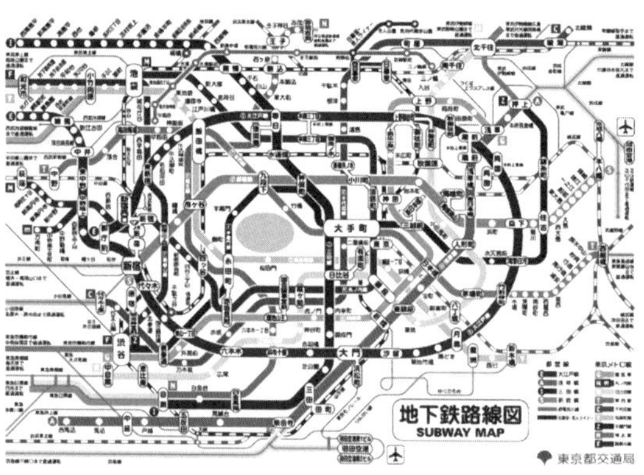

都営線	東京メトロ線
E 大江戸線	G 銀座線
A 浅草線	M m 丸ノ内線
I 三田線	H 日比谷線
S 新宿線	T 東西線
	C 千代田線
	Y 有楽町線
	Z 半蔵門線
	N 南北線

東京都交通局

⇩

<東京メトロ線>	<都営線>
1. 銀座線 (　　　　　)	9. 大江戸線 (　　　　　)
2. 丸ノ内線 (　　　　　)	10. 浅草線 (　　　　　)
3. 日比谷線 (　　　　　)	11. 三田線 (　　　　　)
4. 東西線 (　　　　　)	12. 新宿線 (　　　　　)
5. 千代田線 (　　　　　)	
6. 有楽町線 (　　　　　)	
7. 半蔵門線 (　　　　　)	
8. 南北線 (　　　　　)	

MEMO
メモ

正解(せいかい) 정답

1. ぎんざせん
2. まるのうちせん
3. ひびやせん
4. とうざいせん
5. ちよだせん
6. ゆうらくちょうせん
7. はんぞうもんせん
8. なんぼくせん
9. おおえどせん
10. あさくさせん
11. みたせん
12. しんじゅくせん

出口(地上)
Ground Floor Exit
近鉄百貨店 都ホテル大阪
関西空港バス 大阪空港(伊丹)バス方面
地下のりば(難波線)
2
日本橋 難波 方面のりば
地下鉄谷町線方面 出口(地下中央)

UNIT 2
역
駅えき

역 구내 | 駅構内えきこうない

方面ほうめん　방면

집중 공략 한자 物

乗のり換かえ　환승

紛失物ふんしつぶつ　분실물

→ 遺失物いしつぶつ　유실물

집중 공략 한자 合

待合室まちあいしつ　대합실

→ 待合所まちあいじょ　대합소

喫煙所きつえんじょ　흡연실

注意ちゅうい　주의

売店ばいてん　매점

집중 공략 한자 車

窓口まどぐち　창구

車椅子用くるまいすようトイレ　휠체어용 화장실

駅係員えきかかりいん　역무원

コインロッカーcoin locker　코인 로커(동전을 넣어 사용하는 물품 보관용 로커)

使用料金しようりょうきん　사용 요금

鉄道案内所てつどうあんないしょ　철도 안내소

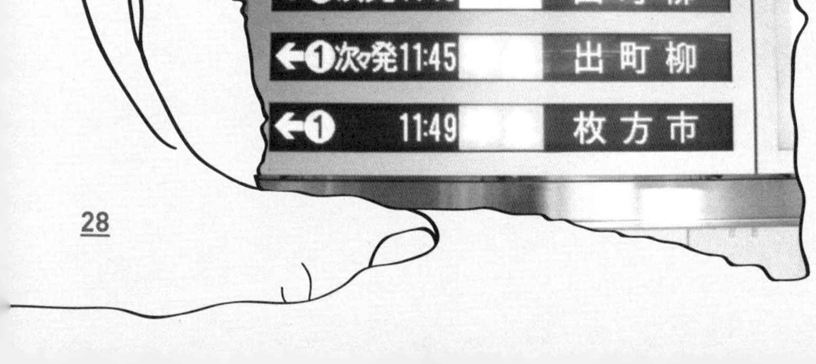

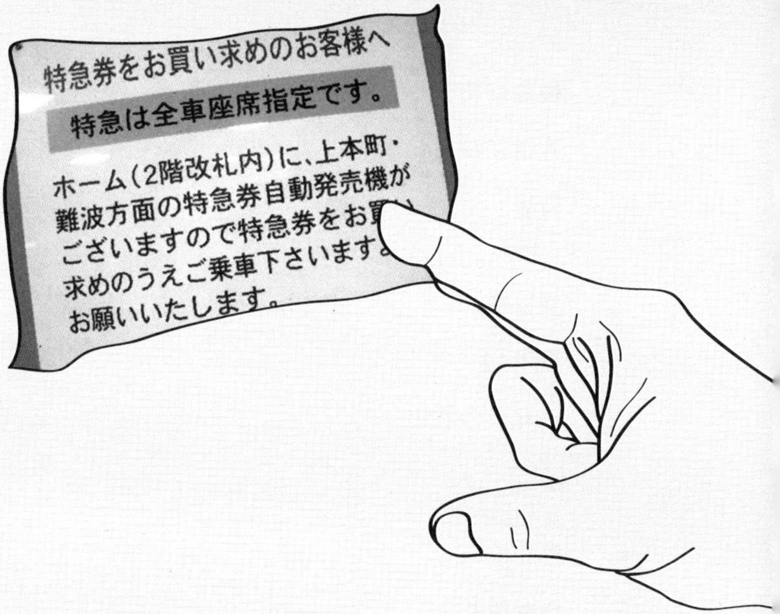

집중 공략 한자 口

非常通報ひじょうつうほうボタン	비상 통보 버튼
東口ひがしぐち	동쪽 출구
西口にしぐち	서쪽 출구
南口みなみぐち	남쪽 출구
北口きたぐち	북쪽 출구
入口いりぐち	입구
出口でぐち	출구

티켓 切符きっぷ

回数券かいすうけん	회수권
定期券ていきけん	정기권
乗車券じょうしゃけん	승차권

往復切符おうふくきっぷ	왕복표
片道切符かたみちきっぷ	편도표
青春せいしゅん18切符きっぷ	전국의 JR 보통열차를 마음대로 탈 수 있는 표
当日限とうじつかぎり有効ゆうこう	당일 한정 유효
無効むこう	무효
みどりの窓口まどぐち	녹색 창구(승차권·특급권·지정 승차권 등을 종합적으로 발권할 수 있는 일본 JR 역의 창구)
券売機けんばいき	승차권 판매기
自動改札じどうかいさつ	자동 개찰
改札口かいさつぐち	개찰구
乗のり越こし	초과 탑승
清算所せいさんじょ	정산소
自動清算機じどうせいさんき	자동 정산기
料金表りょうきんひょう	요금표
大人片道おとなかたみち	어른 편도
小人半額しょうにんはんがく	어린이 반액
発車時刻表はっしゃじこくひょう	발차 시각표
平日用へいじつよう時刻表じこくひょう	평일용 시각표
日にち·祝日用しゅくじつよう時刻表じこくひょう	일요일·공휴일용 시각표

자주 공략 한자 自

2 집중 공략 한자

物

음 : ブツ　　モツ

훈 : もの

見物けんぶつ	구경
● 好物こうぶつ	좋아하는 음식
● 物価ぶっか	물가
● 荷物にもつ	짐
● 作物さくもつ	작물
● 貨物かもつ	화물
● 書物しょもつ	서적
物もの	물건, 사물
飲のみ物もの	마실 것, 음료

合

음 : ゴウ　ガッ

훈 : あう

	合格ごうかく	합격
	集合しゅうごう	집합
•	都合つごう	상황, 형편
•	合併がっぺい	합병
•	合宿がっしゅく	합숙
•	合作がっさく	합작
•	合点がってん, がてん	납득, 수긍
	合あう	맞다, 어울리다
•	待合室まちあいしつ	대합실
•	割合わりあい	비율

車

음 : シャ

훈 : くるま

	自動車じどうしゃ	자동차
	乗車券じょうしゃけん	승차권
	車くるま	자동차
•	肩車かたぐるま	목말

특) 山車だし 축제(祝祭) 때 끌고 다니는 장식을 한 수레

口

음 : コウ　ク

훈 : くち

	人口じんこう	인구
●	口実こうじつ	구실
●●	口調くちょう	어조
	口くち	입
●	無口むくち	말이 없음
	入口いりぐち	입구
	改札口かいさつぐち	개찰구
●	糸口いとぐち	실마리, 단서

自

음 : ジ　シ

훈 : おのずから　みずから

	自信じしん	자신
	自動じどう	자동
	自分じぶん	자기 자신, 나
	自由じゆう	자유
	独自どくじ	독자
●	自然しぜん	자연
●●	自おのずから	저절로
●●	自みずから	스스로

2 집중 공략 한자 TEST

I. 次の下線をつけた言葉はどのように読みますか。(A)から(D)の中で一つ選んでください。

1. 男性が子供を肩車しています。
   (A) けんしゃ (B) けんぐるま (C) かたぐるま (D) かたしゃ

2. 自然と一体になろうとすることが目的だった。
   (A) じねん (B) しねん (C) じぜん (D) しぜん

3. 必ず10分前に集合してください。
   (A) しゅうあい (B) しゅうご (C) しゅうこう (D) しゅうごう

4. 仕事をするという口実で海外へ遊びに行く会社員が多い。
   (A) こうじつ (B) くじつ (C) くちじつ (D) ごじつ

5. 調査をしますから、荷物を開いてください。
   (A) にもつ (B) かもの (C) にぶつ (D) かもち

Ⅱ. 次の下線をつけた言葉はどのような漢字を書きますか。(A)から(D)の中で一つ選んでください。

6. ここは駅のまちあいしつです。
(A) 待会室　(B) 待逢室　(C) 待合室　(D) 待遭室

7. 目的地までのじょうしゃけんを正しくお買い求めください。
(A) 乗転券　(B) 乗車券　(C) 乗転巻　(D) 乗車巻

8. 冷たいのみものでもいかがですか。
(A) 食み物　(B) 飲み物　(C) 飾み物　(D) 飽み物

9. 駅のかいさつぐちの近くでお辞儀をしている。
(A) 改礼口　(B) 改札口　(C) 改枚口　(D) 改冊口

10. 各フロアにじどう販売機コーナーが設置されております。
(A) 時動　(B) 児動　(C) 自動　(D) 次動

해석 및 정답

1. 男性が子供を肩車しています。

해석

남성이 어린애를 목말 태워주고 있습니다.

어휘 男性だんせい 남성 子供こども 아이 肩車かたぐるま 목말

정답 (C)

2. 自然と一体になろうとすることが目的だった。

자연과 일체가 되려고 하는 것이 목적이었다.

어휘 自然しぜん 자연 一体いったい 일체 目的もくてき 목적

정답 (D)

3. 必ず10分前に集合してください。

반드시 10분 전에 집합해 주세요.

어휘 必かならず 반드시 集合しゅうごう 집합

정답 (D)

4. 仕事をするという口実で海外へ遊びに行く会社員が多い。

일을 한다는 구실로 해외로 놀러 가는 회사원이 많다.

어휘 仕事しごと 일 口実こうじつ 구실 海外かいがい 해외 遊あそぶ 놀다 会社員かいしゃいん 회사원 多おおい 많다

정답 (A)

5. 調査をしますから、荷物を開いてください。

조사를 하겠으니, 짐을 열어 주세요.

어휘 調査ちょうさ 조사 荷物にもつ 짐 開ひらく 열다

정답 (A)

해석

6. ここは駅のまちあいしつです。

여기는 역의 대합실입니다.

어휘 駅えき 역　待合室まちあいしつ 대합실

정답 (C)

7. 目的地までのじょうしゃけんを正しくお買い求めください。

목적지까지의 승차권을 올바르게 구입해 주세요.

어휘 目的地もくてきち 목적지　乗車券じょうしゃけん 승차권　正ただしい 바르다, 올바르다　買かい求もとめる 구입하다

정답 (B)

8. 冷たいのみものでもいかがですか。

차가운 음료라도 어떠세요?

어휘 冷つめたい 차갑다　飲のみ物もの 마실 것　~でも ~라도

정답 (B)

9. 駅のかいさつぐちの近くでお辞儀をしている。

역 개찰구 근처에서 인사를 하고 있다.

어휘 駅えき 역　改札口かいさつぐち 개찰구　近ちかく 근처　お辞儀じぎ 절, 인사

정답 (B)

10. 各フロアにじどう販売機コーナーが設置されております。

각 층에 자동판매기 코너가 설치되어 있습니다.

어휘 各かく 각　自動販売機じどうはんばいき 자동판매기　設置せっち 설치

정답 (C)

2 한자 읽기 법칙

관 → カン

缶 官 管 貫 慣 関 館 観 寛

缶

음 : **カン**

훈 : -

缶詰かんづめ 통조림

空缶あきかん 빈 깡통

官

음 : **カン**

훈 : -

官庁かんちょう 관청

教官きょうかん 교관

管

음 : **カン**
훈 : くだ

管理かんり 관리
血管けっかん 혈관
管くだ 관

貫

음 : **カン**
훈 : つらぬく

貫通かんつう 관통
貫徹かんてつ 관철
貫つらぬ**く** 관통(일관)하다

慣

음 : **カン**
훈 : なれる　ならす

慣行かんこう 관행
習慣しゅうかん 습관
慣な**れる** 익숙하다
慣な**らす** 익숙하도록 하다

関

음 : **カン**
훈 : かかわる　せき

関係かんけい 관계
関節かんせつ 관절
関かか**わる** 관계되다
関せき 관문

館

음 : **カン**
훈 : –

館長かんちょう 관장
図書館としょかん 도서관

観

음 : **カン**
훈 : –

観察かんさつ 관찰
客観きゃっかん 객관

寛

음 : **カン**
훈 : –

寛大かんだい 관대
寛容かんよう 관용

금 → キン

金 禁 琴 襟

金

음 : **キン**
훈 : かね かな

4과 집중 공략 한자

金属きんぞく 금속
料金りょうきん 요금
金かね 돈
金持かねも**ち** 부자
金かな**づち** 쇠망치
※ **ギン → 賃金**ちんぎん 임금
특) **黄金時代**おうごんじだい 황금시대

禁

음 : **キン**
훈 : –

禁止きんし 금지
厳禁げんきん 엄금

琴

음 : **キン**
훈 : こと

琴瑟きんしつ 금슬
木琴もっきん 목금, 실로폰
琴こと 거문고

襟

음 : **キン**
훈 : えり

襟度きんど 도량
胸襟きょうきん 가슴속
襟えり 옷깃

예외) 금 → **コン**

今

음 : **コン**
훈 : いま

今回こんかい 이번
昨今さっこん 요즘
今いま 지금
특) **今日**きょう 오늘
今朝けさ 오늘 아침
今年ことし 올해

MEMO
メモ

미니 지식

まめちしき
豆知識

✲ 다음 게시물은 역(駅)에서 자주 보이는 것입니다. 한자(漢字)의 읽는 방법(読み方)을 아래 해답란에 쓰세요.

 1	 2	 3 のりこし(　　　　　)
 4 みどりの(　　　　　)	 5	 6 (　　　　　)ボタン

整理券せいりけん

운임을 후불로 내는 교통기관을 이용할 때 승차하는 역(정류장)에 따라 운임이 다른 경우, 승차한 정류장을 확인하기 위해서 승객에게 교부하는 번호 달린 티켓.
특히 버스를 탈 때는 整理券을 뽑아야 하는 경우가 많다.

MEMO
メモ

正解(せいかい) 정답

1. ちゅうおういりぐち　2. てつどうあんないしょ　3. せいさんき
4. まどぐち　5. ひょうじゅんはっしゃじこくひょう
6. ひじょうつうほう

집중 공략 한자

▼

집중 공략 한자 TEST

▼

한자 읽기 법칙

▼

미니 지식

UNIT 3
버스 · 택시
バス·タクシー

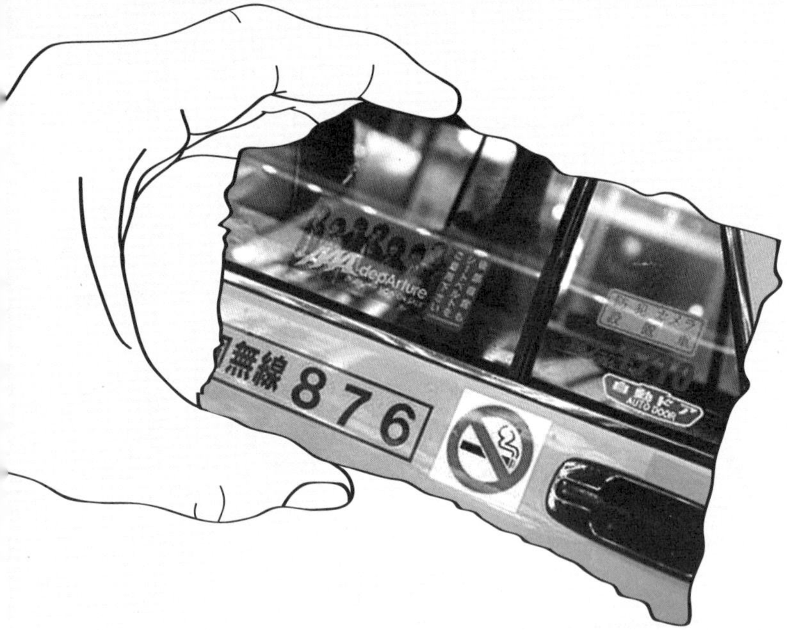

버스·택시 요금 　 バス·タクシーの料金りょうきん

집중 공략 한자 夜
집중 공략 한자 増
初

運賃うんちん	운임
深夜しんや料金りょうきん	심야 요금
遠距離えんきょり割引わりびき	장거리 할인
割増わりまし	할증
初乗はつのり運賃うんちん	최초 구간 운임, 기본 요금
運賃箱うんちんばこ	요금함
賃走ちんそう	손님을 태우고 운행 중
有効期限ゆうこうきげん	유효 기한
先払さきばらい	선불
後払あとばらい	후불
利用額りようがく	이용액
販売額はんばいがく	판매액

안내 案内あんない

交通こうつう	교통
乗客じょうきゃく	승객
運転手うんてんしゅ	운전수
車掌しゃしょう	차장
助手席じょしゅせき	조수석
後部座席こうぶざせき	뒷좌석
網棚あみだな	그물 선반
バス停てい	버스 정류장
→ 停留所ていりゅうじょ 정류장	
足元あしもと	발 밑
踏ふみ切きり	철도 건널목
迂回運行うかいうんこう	우회 운행

折おり返かえし運行うんこう	회차 운행
運休うんきゅう	운전, 운항을 쉼
空車くうしゃ	빈 차
終点しゅうてん	종점
観光かんこうバス	관광 버스
深夜しんやバス	심야 버스
집중 공략 한자 切	
貸切かしきりバス	전세 버스
幼児ようじバス	유아용 버스
追越注意おいこしちゅうい	추월 주의
個人こじんタクシー	개인 택시
乗合のりあいバス	승합 버스
迎車げいしゃ	손님을 맞으러 가는 택시 등의 차
집중 공략 한자 型	
配車はいしゃ	배차
小型こがた	소형
中型ちゅうがた	중형
大型おおがた	대형

3 집중 공략 한자

夜

음 : ヤ

훈 : よる　よ

- 徹夜てつや　철야
- 夜よる　밤
- 夜明よあけ　새벽
- 夜中よなか　한밤중

増

음 : ゾウ

훈 : ふえる　ふやす　ます

- 増加ぞうか　증가
- 急増きゅうぞう　급증
- 増ふえる　늘다
- 増ふやす　늘리다
- 増ます　늘다, 늘리다

初

음 : ショ

훈 : はじめて　はじめ　はつ　うい　そめる

	最初さいしょ	최초
•	初はじめて	(순서 상) 처음으로
	初はじめ	(일의) 시작, 처음
•	初雪はつゆき	첫눈
••	初陣ういじん	첫 출전
••	書かき初ぞめ	새해 첫 글씨쓰기, 신년 휘호

切

음 : セツ　サイ

훈 : きる

	切実せつじつ	절실
	大切たいせつだ	소중하다
•	一切いっさい	일체, 모두
	切きる	자르다
•	踏切ふみきり	철도 건널목
•	区切くぎり	구분, 매듭

型

음 : ケイ

훈 : かた

• 模型もけい	모형
型かた	모양, 형태
• 血液型けつえきがた	혈액형
• 大型おおがた	대형
• 小型こがた	소형

3 집중 공략 한자 TEST

Ⅰ. 次の下線をつけた言葉はどのように読みますか。(A)から(D)の中で一つ選んでください。

1. 一人で暮らす老人が<u>増えて</u>います。

(A) かぞえて (B) そなえて (C) ふえて (D) かえて

2. 北海道では<u>初雪</u>が降ったそうですよ。

(A) しょゆき (B) はっゆき (C) はじゆき (D) はつゆき

3. 続く<u>徹夜</u>でとても疲れた。

(A) てつよ (B) てつよる (C) てつや (D) てつやる

4. <u>血液型</u>を検査するために血を少し採った。

(A) けつえきぎょう (B) けつえきがた

(C) けつえきけい (D) けつえきかたち

5. 無駄遣いは<u>一切</u>せずお金を貯めました。

(A) いっせつ (B) いっさい (C) いちせつ (D) いちさい

Ⅱ. 次の下線をつけた言葉はどのような漢字を書きますか。(A)から(D)の中で一つ選んでください。

6. 最近、新しいこがたコンピューターが話題になっている。
(A) 少形　(B) 小形　(C) 少型　(D) 小型

7. よなかにピアノを弾くと、近所迷惑ですよ。
(A) 夜中　(B) 世中　(C) 夜仲　(D) 世仲

8. 地元の人口がだんだんぞうかしている。
(A) 憎伽　(B) 憎加　(C) 増伽　(D) 増加

9. 本日5時頃、池袋駅付近でふみきり事故が発生しました。
(A) 踏斬　(B) 踏切　(C) 踏折　(D) 踏開

10. 田中さんは会社に着いて、まずはじめに何をしますか。
(A) 元め　(B) 最め　(C) 初め　(D) 恥め

해석 및 정답

해석

1\. 一人で暮らす老人が増えています。

혼자서 지내는 노인이 늘고 있습니다.

어휘 一人ひとりで 혼자서　暮くらす 살다, 지내다　老人ろうじん 노인
增ふえる 늘어나다

정답 (C)

2\. 北海道では初雪が降ったそうですよ。

홋카이도에서는 첫눈이 내렸대요.

어휘 北海道ほっかいどう 홋카이도　初雪はつゆき 첫눈　降ふる 내리다

정답 (D)

3\. 続く徹夜でとても疲れた。

계속되는 철야로 매우 피곤했다.

어휘 続つづく 계속되다　徹夜てつや 철야　疲つかれる 피곤하다

정답 (C)

4\. 血液型を検査するために血を少し採った。

혈액형을 검사하기 위해서 피를 조금 뽑았다.

어휘 血液型けつえきがた 혈액형　検査けんさ 검사　血ち 피　少すこし 조금, 약간
採とる 뽑다, 채집하다

정답 (B)

5\. 無駄遣いは一切せずお金を貯めました。

낭비는 일절 하지 않고 돈을 모았습니다.

어휘 無駄遣むだづかい 낭비　一切いっさい 일체, 일절　貯ためる 돈을 모으다

정답 (B)

해석

6. 最近、新しいこがたコンピューターが話題になっている。

최근 새로운 소형 컴퓨터가 화제가 되고 있다.

어휘 新あたらしい 새롭다　小型こがた 소형　話題わだい 화제

정답 (D)

7. よなかにピアノを弾くと、近所迷惑ですよ。

한밤중에 피아노를 치면, 이웃에 폐를 끼쳐요.

어휘 夜中よなか 한밤중　弾ひく (악기를) 연주하다
近所迷惑きんじょめいわく 이웃에 폐를 끼침

정답 (A)

8. 地元の人口がだんだんぞうかしている。

마을 인구가 점점 증가하고 있다.

어휘 地元じもと 그 마을, 자기 고장　人口じんこう 인구　増加ぞうか 증가

정답 (D)

9. 本日5時頃、池袋駅付近でふみきり事故が発生しました。

오늘 5시쯤 이케부쿠로 역 부근에서 철도 건널목 사고가 발생했습니다.

어휘 本日ほんじつ 금일, 오늘　~頃ごろ ~쯤　付近ふきん 부근
踏切ふみきり 철도 건널목　事故じこ 사고　発生はっせい 발생

정답 (B)

10. 田中さんは会社に着いて、まずはじめに何をしますか。

다나카 씨는 회사에 도착해서 맨 처음에 무엇을 합니까?

어휘 着つく 도착하다　まず 우선, 먼저　初はじめ (일의) 시작, 처음

정답 (C)

3 한자 읽기 법칙

대 → タイ

大 代 台 対 待 帯 貸 隊

大

음 : **タイ**
훈 : おおきい

🔍 5과 집중 공략 한자

大会たいかい 대회
大切たいせつ 소중, 중요
大お**おきい** 크다
※ **ダイ** → **大学**だいがく 대학
拡大かくだい 확대

代

음 : **タイ**
훈 : かわる　かえる

🔍 14과 집중 공략 한자

代謝たいしゃ (신진)대사
交代こうたい 교대
代か**わる** 바뀌다
代か**える** 대신하다
※ **ダイ** → **世代**せだい 세대
現代げんだい 현대

15과 집중 공략 한자

台

음 : タイ
훈 : –

台風たいふう 태풍
舞台ぶたい 무대
특) **台所**だいどころ 부엌

対

음 : タイ
훈 : –

対策たいさく 대책
絶対ぜったい 절대
특) **一対**いっつい 한 쌍

待

음 : タイ
훈 : まつ

待避たいひ 대피
期待きたい 기대
待ま**つ** 기다리다

帯

음 : タイ
훈 : おびる

携帯けいたい 휴대
熱帯ねったい 열대
帯お**びる** 띠다

貸

음 : **タイ**
훈 : かす

貸与たいよ 대여
賃貸ちんたい 임대
貸か**す** 빌려 주다

隊

음 : **タイ**
훈 : -

隊員たいいん 대원
軍隊ぐんたい 군대

등 → トウ

灯 登 等 騰 謄

灯

음 : **トウ**
훈 : ひ

灯台とうだい 등대
電灯でんとう 전등
灯ひ 등불

登

음 : **トウ**

훈 : のぼる

登校とうこう 등교

登録とうろく 등록

登のぼ**る** 오르다

특) **登山**とざん 등산

等

음 : **トウ**

훈 : ひとしい

等分とうぶん 등분

同等どうとう 동등

等ひと**しい** 동등하다

※ **ドウ** → **平等**びょうどう 평등

騰

음 : **トウ**

훈 : –

急騰きゅうとう 급등

沸騰ふっとう 물이 끓음

謄

음 : **トウ**

훈 : –

謄本とうほん 등본

謄写とうしゃ 베껴 씀

미니 지식

まめちしき 豆知識

✲ 다음 내용을 읽고, 밑줄 친 히라가나는 한자(漢字)로, 한자(漢字)는 히라가나로 바꿔서 해답란에 쓰세요.

かいしゃが終(お)わって同僚と飲(の)みにいった人(ひと)は、たぶん８割(わり)いじょうが、「とりあえずビール」というはずである。ビール好(す)きの人(ひと)にとっては、ましては最近(さいきん)のような暑(あつ)い日々(ひび)なら「まずビールでのどを潤(うるお)したい」と思(おも)うのも自然だが、「とりあえずビール」という言葉(ことば)には、次(つぎ)のような心理(しんり)が隠(かく)されているという。

アメリカのリサーチ研究所(けんきゅうしょ)のちょうさによれば、「ビールを飲(の)むこと」は、潜在的に「くつろぎ」を表(あらわ)しているという。つまり、気楽になりたい、開放的(かいほうてき)なきぶんになりたい時(とき)、人(ひと)は無意識のうちにビールをちゅうもんするのである。

해석

회사가 끝나고, 동료와 술 마시러 간 사람은 아마 80% 이상이 “일단 맥주!” 라고 말할 것이다. 맥주를 좋아하는 사람에게는, 더구나 요즘 같이 더운 날이라면 ‘우선 맥주로 목을 축이고 싶다’ 고 생각하는 것도 자연스러운데, ‘일단 맥주!’ 라는 말에는 다음과 같은 심리가 숨어 있다고 한다.

미국 리서치 연구소의 조사에 따르면 ‘맥주를 마시는 것’ 은 잠재적으로 ‘편안한 휴식’ 을 표현하고 있다고 한다. 즉, 마음이 편해지고 싶다든가, 개방적인 기분이 되고 싶을 때, 사람들은 무의식중에 맥주를 주문하는 것이다.

집중 공략 한자 ▶ 집중 공략 한자 TEST ▶ 한자 읽기 법칙 ▶ 미니 지식

히라가나 → 한자	한자 → 히라가나
1. かいしゃ →	6. 同僚 →
2. いじょう →	7. 自然 →
3. ちょうさ →	8. 潜在的に →
4. きぶん →	9. 気楽に →
5. ちゅうもん →	10. 無意識 →

正解（せいかい） 정답

1. 会社 2. 以上 3. 調査 4. 気分
5. 注文 6. どうりょう 7. しぜん 8. せんざいてきに
9. きらくに 10. むいしき

집중 공략 한자

▼

집중 공략 한자 TEST

▼

한자 읽기 법칙

▼

미니 지식

UNIT 4
비행기
飛行機ひこうき

비행기 안내

飛行機ひこうきの案内あんない

予約よやく	예약
(생공략 한자 出) 出国しゅっこくターミナル	출국 터미널
到着とうちゃくターミナル	도착 터미널
(생공략 한자 国) 国際線こくさいせん	국제선
国内線こくないせん	국내선
在来線ざいらいせん	기존의 철도 노선
両替所りょうがえじょ	환전소
駐車場ちゅうしゃじょう	주차장
免税店めんぜいてん	면세점
(생공략 한자 手) 手荷物てにもつ一時預いちじあずかり	수하물 일시 보관
手荷物てにもつ宅配たくはい	수하물 택배
手荷物てにもつ引渡場ひきわたしじょう	수하물 받는 곳
経由けいゆ	경유
欠航けっこう	결항
標準所要時間ひょうじゅんしょようじかん	표준 소요 시간

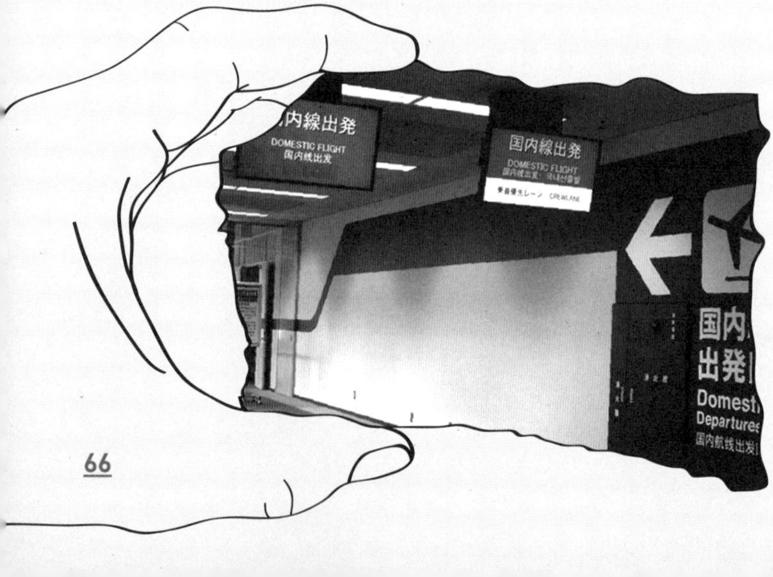

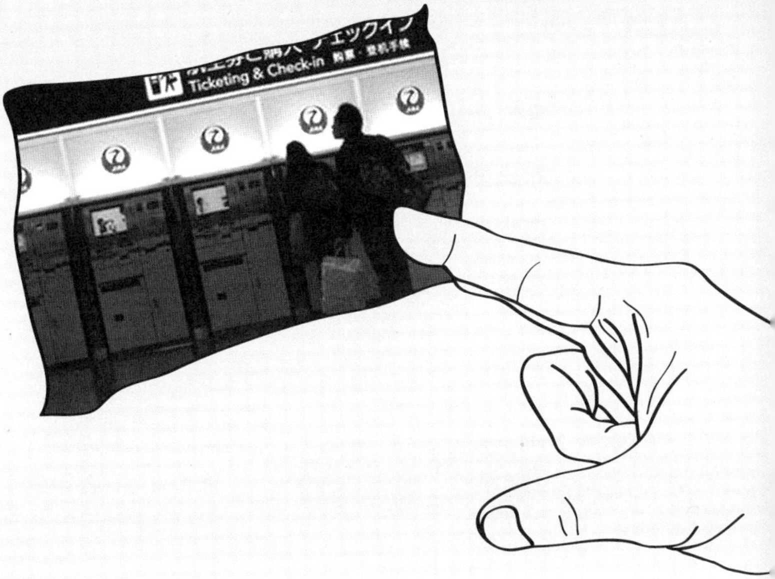

필승 공략 한자 発

出発時刻しゅっぱつじこく	출발 시각
到着時刻とうちゃくじこく	도착 시각
旅行傷害保険りょこうしょうがいほけん	여행 상해 보험

여권과 티켓 パスポートと切符きっぷ

旅券りょけん	여권
国籍こくせき	국적
査証さしょう	사증
便名びんめい	편명
空港くうこう	공항
帰国きこく	귀국
出発地しゅっぱつち	출발지
渡航先とこうさき	도착지

発着所はっちゃくじょ	출발지와 도착지
航空券こうくうけん	항공권
搭乗券とうじょうけん	탑승권
発券はっけん	(승차권 등의) 발권

검사와 신고 　検査けんさと申告しんこく

出国しゅっこく審査しんさ	출국 심사
入国にゅうこく審査しんさ	입국 심사
金属探知機きんぞくたんちき	금속 탐지기
検疫けんえき	검역
手荷物検査てにもつけんさ	수하물 검사
X線検査せんけんさ	X선 검사
手続てつづき	수속
外貨がいか	외화
貨物かもつ	화물
関税かんぜい	관세
税関ぜいかん	세관
課税かぜい	과세

4 집중 공략 한자

出

음 : シュツ　スイ

훈 : でる　だす

•	輸出ゆしゅつ	수출
	出席しゅっせき	출석
	出張しゅっちょう	출장
••	出納すいとう	출납
	出でる	나오다
•	出会であう	우연히 만나다
	出口でぐち	출구
•	申もうし出で	신청
	出だす	꺼내다, 내놓다, 보내다
	思おもい出だす	생각해내다, 생각나다
	口出くちだし	말참견

国

음 : コク

훈 : くに

	国際こくさい	국제
	国内こくない	국내
	韓国かんこく	한국
●	国会こっかい	국회
●	国境こっきょう	국경
	国くに	나라, 고향

手

음 : シュ

훈 : て　　た

	手術しゅじゅつ	수술
	手て	손
	手作てづくり	손으로 만든 것
●	手当てあて	수당, 응급 치료
●	手軽てがる	손쉬운 모양
●	手応てごたえ	반응, 보람
●	手頃てごろ	적당함, 적절함
	手紙てがみ	편지
●	手続てつづき	수속
●	手数てすう	수고
●	手配てはい	수배
●	人手不足ひとでぶそく	일손 부족
●●	手綱たづな	고삐

発

음 : ハツ　ホッ

훈 : たつ

	発売はつばい	발매
	発生はっせい	발생
	発想はっそう	발상
	発達はったつ	발달
	発見はっけん	발견
	発展はってん	발전
•	出発しゅっぱつ	출발
•	反発はんぱつ	반발
••	発作ほっさ	발작
••	発端ほったん	발단
••	発起ほっき	발기
	発たつ	떠나다

金

음 : キン　コン

훈 : かね　かな

•	金属きんぞく	금속
	料金りょうきん	요금
•	賃金ちんぎん	임금
•	黄金時代おうごんじだい	황금시대
	金かね	돈
	金持かねもち	부자
•	金かなづち	쇠망치

4 집중 공략 한자 TEST

Ⅰ. 次の下線をつけた言葉はどのように読みますか。(A)から(D)の中で一つ選んでください。

1. 新幹線の車内から出るゴミが毎年増え続けている。

(A) て　(B) で　(C) た　(D) だ

2. 新宿区2丁目で午後8時頃、放火と見られる火災が発生しました。

(A) はっせい　(B) はつせい　(C) ばつせい　(D) ほっせい

3. 大学で国際経済とビジネスを勉強するつもりです。

(A) こくさい　(B) ごくかい　(C) こっさい　(D) ごっさい

4. 昔から二重まぶたにする成形手術が女性の間で人気があった。

(A) てじゅつ　(B) しゅじゅつ　(C) じゅじゅつ　(D) しゅうじゅつ

5. 部長が金持ちであることは以前から知っています。

(A) かねもち　(B) かなもち　(C) きんもち　(D) ぎんもち

Ⅱ. 次の下線をつけた言葉はどのような漢字を書きますか。(A)から(D)の中で一つ選んでください。

6. 入社してから海外<u>しゅっちょう</u>に行くのは今度がはじめてです。
 (A) 出張　(B) 出帳　(C) 週張　(D) 週帳

7. どうしようかさんざん迷ったあげく、<u>くに</u>へ帰ることにした。
 (A) 古　(B) 国　(C) 里　(D) 区

8. <u>りょうきん</u>はサービス料込、税別です。
 (A) 料銀　(B) 料飲　(C) 料物　(D) 料金

9. 看護婦の<u>ひとで</u>不足が大きな問題になっている。
 (A) 人出　(B) 人足　(C) 人目　(D) 人手

10. 8年間の留学を終えて、あす日本を<u>たつ</u>。
 (A) 立つ　(B) 発つ　(C) 経つ　(D) 絶つ

해석 및 정답

해석

1. 新幹線の車内から<u>出る</u>ゴミが毎年増え続けている。

신칸센 차내에서 <u>나오는</u> 쓰레기가 매년 계속해서 늘고 있다.

어휘 車内しゃない 차내　出でる 나오다　毎年まいとし 매년

정답 (B)

2. 新宿区2丁目で午後8時頃、放火と見られる火災が<u>発生</u>しました。

신주쿠 구 2가에서 오후 8시쯤 방화로 보여지는 화재가 <u>발생</u>했습니다.

어휘 ~丁目ちょうめ ~가(街)　午後ごご 오후　放火ほうか 방화　火災かさい 화재　発生はっせい 발생

정답 (A)

3. 大学で<u>国際</u>経済とビジネスを勉強するつもりです。

대학에서 <u>국제</u> 경제와 비즈니스를 공부할 생각입니다.

어휘 大学だいがく 대학　国際こくさい 국제　経済けいざい 경제　勉強べんきょう 공부

정답 (A)

4. 昔から二重まぶたにする成形<u>手術</u>が女性の間で人気があった。

옛날부터 쌍꺼풀을 만드는 성형<u>수술</u>이 여성들 사이에서 인기가 있었다.

어휘 昔むかし 옛날　二重ふたえ 이중, 두 겹　まぶた 눈꺼풀　成形せいけい 성형　手術しゅじゅつ 수술　女性じょせい 여성　間あいだ 사이　人気にんき 인기

정답 (B)

5. 部長が<u>金持ち</u>であることは以前から知っています。

부장님이 <u>부자</u>인 것은 이전부터 알고 있습니다.

어휘 部長ぶちょう 부장　金持かねもち 부자　~である ~이다　以前いぜん 이전　知しる 알다

정답 (A)

해석

6. 入社してから海外しゅっちょうに行くのは今度がはじめてです。

입사하고 나서 해외 출장을 가는 것은 이번이 처음입니다.

어휘 入社にゅうしゃ 입사 海外かいがい 해외 出張しゅっちょう 출장 今度こんど 이번

정답 (A)

7. どうしようかさんざん迷ったあげく、くにへ帰ることにした。

어떻게 할지 몹시 망설인 끝에 고향에 돌아가기로 했다.

어휘 さんざん 몹시, 실컷 迷まよう 망설이다, 길을 잃다 ～あげく ～끝(에) 国くに 고향, 나라 帰かえる 돌아가다, 돌아오다

정답 (B)

8. りょうきんはサービス料込、税別です。

요금은 서비스 요금 포함, 세금 별도입니다.

어휘 料金りょうきん 요금 ～料りょう ～요금 込こみ 포함 税別ぜいべつ 세금 별도

정답 (D)

9. 看護婦のひとで不足が大きな問題になっている。

간호사의 일손 부족이 큰 문제가 되고 있다.

어휘 看護婦かんごふ 간호사 人手不足ひとでぶそく 일손 부족 問題もんだい 문제

정답 (D)

10. 8年間の留学を終えて、あす日本をたつ。

8년간의 유학을 끝마치고 내일 일본을 떠난다.

어휘 留学りゅうがく 유학 終おえる 끝마치다 あす 내일 発たつ 떠나다

정답 (B)

4 한자 읽기 법칙

량 → リョウ

両 良 量 糧 涼

両

음 : リョウ

훈 : –

両親りょうしん 부모

車両しゃりょう 차량

良

음 : リョウ

훈 : よい

良好りょうこう 양호

改良かいりょう 개량

良よい 좋다

특) 野良のら 논밭

量

음 : **リョウ**

훈 : はかる

- 量産りょうさん 양산
- 重量じゅうりょう 중량(무게)
- 量はかる (무게를) 달다

糧

음 : **リョウ**

훈 : かて

- 糧食りょうしょく 양식
- 食糧しょくりょう 식량
- 糧かて 식량

涼

음 : **リョウ**

훈 : すずしい　すずむ

- 清涼せいりょう 청량
- 荒涼こうりょう 황량
- 涼すずしい 시원하다
- 涼すずむ 시원한 바람을 쐬다

산 → サン

山 産 散 算 酸 傘

山

음 : **サン**

훈 : やま

山脈さんみゃく 산맥

富士山ふじさん 후지산

山やま 산

※ **ザン** → **登山**とざん 등산

産

음 : **サン**

훈 : うむ

産業さんぎょう 산업

生産せいさん 생산

産うむ 낳다

※ **ザン** → **流産**りゅうざん 유산

특) **産毛**うぶげ 솜털

土産みやげ 선물

집중 공략 한자 ▶ 집중 공략 한자 TEST ▶ 한자 읽기 법칙 ▶ 미니 지식

散

음 : **サン**
훈 : ちる　ちらす

散歩さんぽ 산책
解散かいさん 해산
散ち**る** 흩어지다
散ち**らす** 흩뜨리다

算

음 : **サン**
훈 : –

算数さんすう 산수
予算よさん 예산

酸

음 : **サン**
훈 : すい

酸素さんそ 산소
酸性さんせい 산성
酸す**い** 신맛이 있다

傘

음 : **サン**
훈 : かさ

傘下さんか 산하
落下傘らっかさん 낙하산
傘かさ 우산

미니 지식

まめちしき
豆知識

✲ 아래 그림은 나리타(成田)국제공항 제2터미널 도착 경로입니다.
밑줄 친 한자(漢字)의 읽는 방법(読み方)을 해답란에 쓰세요.

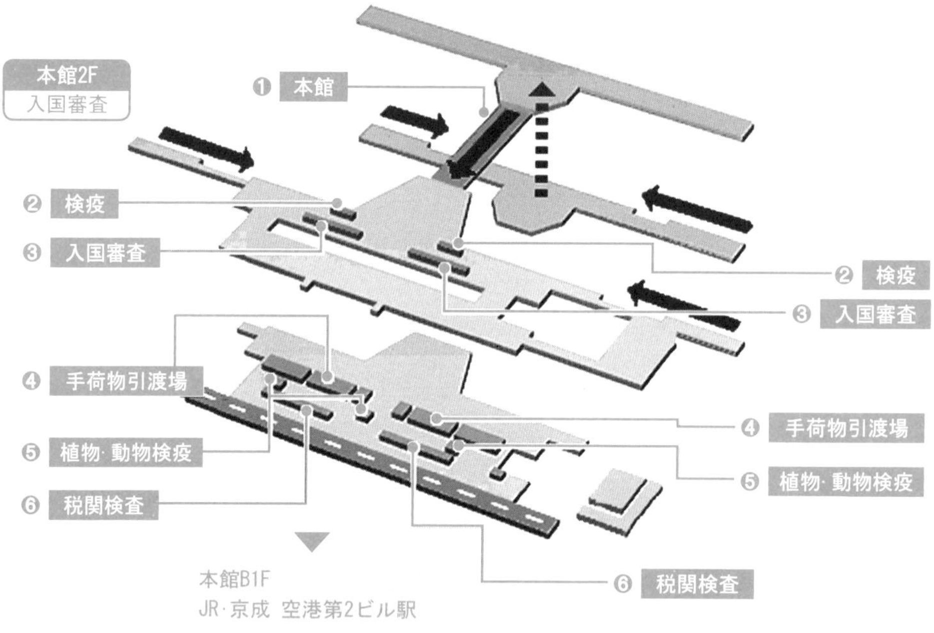

❖ 장소 설명

① **本館**(　　　) 본관

② **検疫**(　　　) 검역

입국하는 여행자의 검역(検疫), 건강 상담(健康相談), 출국자에 대한 보건 정보(保健情報)를 제공하고 있다.

③ **入国審査**(　　　) 입국 심사

'일본인', '외국인'이라고 각각 표시되어 있는 카운터에 가서 여권(パスポート)을 제시(提示)하고 심사(審査)를 받는다.

④ **手荷物引渡場**(　　　) 수하물 받는 곳

전광게시판(電光掲示板)에서 편명(便名)을 확인하고, 자신의 짐(荷物)을 찾는다.

⑤ **植物·動物検疫**(　　　) 식물·동물 검역

식물(植物)과 동물(動物) 등을 가지고 들어갈 경우에 들른다.

⑥ **税関検査**(　　　) 세관 검사

면세 범위(免税範囲)를 넘지 않은 경우는 '녹색 검사대(緑の検査台)'로 가고, 면세 범위를 넘었을 경우에는 '적색 검사대(赤の検査台)'로 간다.

正解(せいかい) 정답

① ほんかん　② けんえき　③ にゅうこくしんさ　④ てにもつひきわたしじょう
⑤ しょくぶつ·どうぶつけんえき　⑥ ぜいかんけんさ

집중 공략 한자

▼

집중 공략 한자 TEST

▼

한자 읽기 법칙

▼

미니 지식

UNIT 5

학교 Ⅰ

学校がっこう Ⅰ

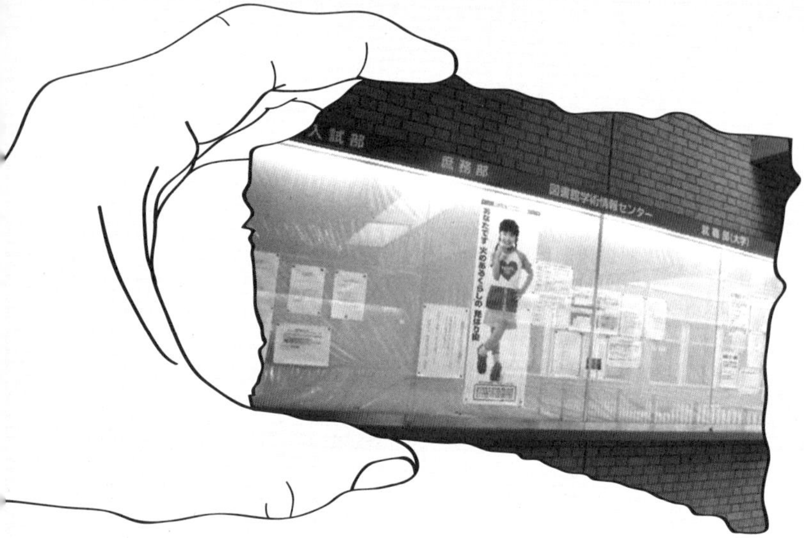

학교 종류 — 学校がっこうの種類しゅるい

집중 공략 한자 小

小学校しょうがっこう 초등학교

中学校ちゅうがっこう 중학교

집중 공략 한자 大

高校こうこう 고등학교

大学だいがく 대학교

大学院だいがくいん 대학원

国立こくりつ 국립

公立こうりつ 공립

私立しりつ 사립

短期大学たんきだいがく 단기 대학

専門学校せんもんがっこう 전문학교

語学学校ごがくがっこう 어학 학교

학부 — 学部がくぶ

집중 공략 한자 文

文学部ぶんがくぶ 문학부

経営学部けいえいがくぶ	경영학부
経済学部けいざいがくぶ	경제학부
教育学部きょういくがくぶ	교육학부
医学部いがくぶ	의학부
薬学部やくがくぶ	약학부
法学部ほうがくぶ	법학부
外国語学部がいこくごがくぶ	외국어학부
工学部こうがくぶ	공학부
理学部りがくぶ	이학부
歯学部しがくぶ	치학부
心理学部しんりがくぶ	심리학부
水産学部すいさんがくぶ	수산학부
農学部のうがくぶ	농학부
保健学部ほけんがくぶ	보건학부

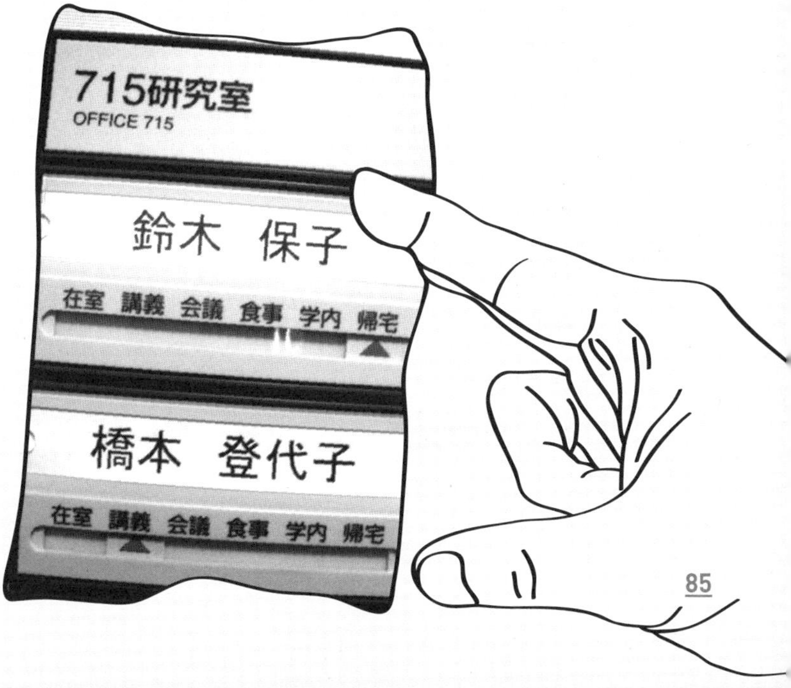

과목 科目かもく

집중 공략 한자 会

国語こくご	국어
英語えいご	영어
社会しゃかい	사회
数学すうがく	수학
政治せいじ	정치
科学かがく	과학
化学かがく	화학
古典こてん	고전
漢文かんぶん	한문
算数さんすう	산수
家庭かてい	가정
教養きょうよう	교양
生物せいぶつ	생물
物理ぶつり	물리
世界史せかいし	세계사
地理ちり	지리
日本史にほんし	일본사
美術びじゅつ	미술
倫理りんり	윤리
道徳どうとく	도덕
書道しょどう	서예
第だい2外国語がいこくご	제2외국어

5 집중 공략 한자

小

음 : ショウ

훈 : ちいさい　こ　お

小学生しょうがくせい	초등학생
小説しょうせつ	소설
小ちいさい	작다
小石こいし	자갈
• 小売店こうりてん	소매점
• 小包こづつみ	소포
• 小川おがわ	작은 시내
特) 小豆あずき	팥, 빨간 콩

大

음 : だい　たい

훈 : おおきい　おお

	大学だいがく	대학
	拡大かくだい	확대
	大会たいかい	대회
•	大衆たいしゅう	대중
•	大切たいせつだ	소중하다, 중요하다
	大おおきい	크다
	大通おおどおり	큰 길
	大手おおて	규모가 큰 회사, 대기업
•	大筋おおすじ	대략, 대충
•	大幅おおはば	대폭
	大雪おおゆき	대설, 폭설

文

음 : ブン　モン　モ

훈 : ふみ

	文ぶん	문장
	文化ぶんか	문화
	文学ぶんがく	문학
•	文句もんく	불평, 불만
•	注文ちゅうもん	주문
•	文字もじ	문자
•	恋文こいぶみ	연애 편지

집중 공략 한자 ▶ 집중 공략 한자 TEST ▶ 한자 읽기 법칙 ▶ 미니 지식

工

음 : コウ　ク

훈 : –

	工事こうじ	공사
	工学こうがく	공학
	加工かこう	가공
•	工夫くふう	궁리, 고안
•	細工さいく	세공

会

음 : カイ　エ

훈 : あう

	会話かいわ	회화
	会議かいぎ	회의
	会社かいしゃ	회사
	社会しゃかい	사회
	国会こっかい	국회
••	会釈えしゃく	(가벼운) 인사
••	会得えとく	터득, 깨침
	会あう	만나다

5 집중 공략 한자 TEST

Ⅰ. 次の下線をつけた言葉はどのように読みますか。(A)から(D)の中で一つ選んでください。

1. あなたにとって、一番<u>大切な</u>ものは何ですか。
   (A) たいせつな　(B) だいせつな　(C) おうせつな　(D) おおせつな

2. 軽い<u>会釈</u>でも感じのいいお辞儀がある。
   (A) あいしゃく　(B) かいしゃく　(C) ごうしゃく　(D) えしゃく

3. 「カタカナ語」は外国から伝わってきた言葉を日本語<u>文字</u>で表したものをいう。
   (A) ぶんじ　(B) もじ　(C) ぶじ　(D) もんじ

4. 少しでもいい文章を書くためにいろいろと<u>工夫</u>する。
   (A) こうふう　(B) こうふ　(C) くふう　(D) くうふう

5. 夕食は大人2,000円、<u>小学生</u>以下1,000円でご準備いたします。
   (A) こがくせい　(B) こうがくせい
   (C) しょがくせい　(D) しょうがくせい

집중 공략 한자 ▶ 집중 공략 한자 TEST ▶ 한자 읽기 법칙 ▶ 미니 지식

Ⅱ. 次の下線をつけた言葉はどのような漢字を書きますか。(A)から(D)の中で一つ選んでください。

6. 大学での専攻は電気こうがくでした。

(A) 公学　(B) 工学　(C) 空学　(D) 光学

7. ごちゅうもんの品は現在、在庫が切れています。

(A) 注文　(B) 住文　(C) 注問　(D) 住問

8. ちいさいかばんを片手に飛行機に乗った。

(A) 小さい　(B) 少さい　(C) 人さい　(D) 入さい

9. 生産計画をおおはばに変更しなければならなくなった。

(A) 大福に　(B) 太福に　(C) 大幅に　(D) 太幅に

10. このたいかいには67ヵ国から480人の高校生が参加した。

(A) 合会　(B) 台合　(C) 大会　(D) 大合

해석 및 정답

해석

1. あなたにとって、一番大切なものは何ですか。

당신에게 가장 소중한 것은 무엇입니까?

어휘 ~にとって ~에(게)　一番いちばん 가장, 제일　大切たいせつな 소중한, 중요한

정답 (A)

2. 軽い会釈でも感じのいいお辞儀がある。

가벼운 인사라도 느낌이 좋은 인사가 있다.

어휘 軽かるい 가볍다　会釈えしゃく (머리를 살짝 숙이는) 가벼운 인사　感かんじ 느낌　お辞儀じぎ 인사, 절

정답 (D)

3. 「カタカナ語」は外国から伝わってきた言葉を日本語文字で表したものをいう。

「가타카나어」는 외국에서 전해져 온 말을 일본어 문자로 나타낸 것을 말한다.

어휘 外国がいこく 외국　伝つたわる 전해지다　言葉ことば 말, 언어, 단어　文字もじ 문자　表あらわす 나타내다

정답 (B)

4. 少しでもいい文章を書くためにいろいろと工夫する。

조금이라도 좋은 문장을 쓰기 위해서 여러 가지로 궁리한다.

어휘 少すこし 조금　文章ぶんしょう 문장　書かく 쓰다　工夫くふう 궁리, 고안

정답 (C)

5. 夕食は大人2,000円、小学生以下1,000円でご準備いたします。

저녁 식사는 어른 2,000엔, 초등학생 이하 1,000엔으로 준비해드립니다.

어휘 夕食ゆうしょく 저녁 식사　大人おとな 어른, 성인　小学生しょうがくせい 초등학생　以下いか 이하　準備じゅんび 준비

정답 (D)

해석

6. 大学での専攻は電気こうがくでした。

대학에서의 전공은 전기 공학이었습니다.

어휘 大学だいがく 대학 専攻せんこう 전공 電気でんき 전기 工学こうがく 공학

정답 (B)

7. ごちゅうもんの品は現在、在庫が切れています。

주문하신 물건은 현재, 재고가 다 떨어졌습니다.

어휘 注文ちゅうもん 주문 品しな 물건 現在げんざい 현재 在庫ざいこ 재고 切きれる 끊어지다, 다 떨어지다

정답 (A)

8. ちいさいかばんを片手に飛行機に乗った。

작은 가방을 한 손에 들고 비행기를 탔다.

어휘 小ちいさい 작다 片手かたて 한쪽 손 飛行機ひこうき 비행기 乗のる 타다

정답 (A)

9. 生産計画をおおはばに変更しなければならなくなった。

생산 계획을 대폭으로 변경해야 하게 되었다.

어휘 生産せいさん 생산 計画けいかく 계획 大幅おおはばに 대폭으로 変更へんこう 변경

정답 (C)

10. このたいかいには67ヵ国から480人の高校生が参加した。

이 대회에는 67개국으로부터 480명의 고등학생이 참가했다.

어휘 大会たいかい 대회 ～ヵ国こく ～개국 高校生こうこうせい 고등학생 参加さんか 참가

정답 (C)

5 한자 읽기 법칙

판 → ハン

判 版 販 板 坂

判

음 : ハン

훈 : -

判断はんだん 판단

※ バン / パン → 裁判さいばん 재판

審判しんぱん 심판

版

음 : ハン

훈 : -

版画はんが 판화

※ バン / パン → 現代版げんだいばん 현대판

出版しゅっぱん 출판

販

음 : ハン
훈 : –

販売はんばい 판매

市販しはん 시판

板

음 : ハン
훈 : いた

合板ごうはん 합판

板いた 판자

※ バン / パン → 掲示板けいじばん 게시판
鉄板てっぱん 철판

坂

음 : ハン
훈 : さか

登坂とはん 언덕을 오름

坂さか 언덕

표 → ヒョウ

表 票 標 漂 俵

表

음 : **ヒョウ**

훈 : おもて　あらわれる　あらわす

表現ひょうげん 표현

代表だいひょう 대표

表おもて 겉

表あらわれる 나타나다

表あらわす 표현하다

※ ピョウ → 発表はっぴょう 발표

票

음 : **ヒョウ**

훈 : -

票決ひょうけつ 표결

投票とうひょう 투표

※ ピョウ → 伝票でんぴょう 전표

標

음 : **ヒョウ**

훈 : –

標準ひょうじゅん 표준

目標もくひょう 목표

漂

음 : **ヒョウ**

훈 : ただよう

漂流ひょうりゅう 표류

漂白剤ひょうはくざい 표백제

漂ただよ**う** 떠돌다

俵

음 : **ヒョウ**

훈 : たわら

土俵どひょう 흙을 담는 가마니, 씨름판

俵たわら 가마니

미니 지식

まめちしき 豆知識

✲ 밑줄 친 한자(漢字)의 읽는 방법(読み方)을 해답란에 쓰세요.

	이런 말 있을까요?	일본 사람은 이렇게 말해요
소용이 없다	(×) 所用がない	(O) <u>無駄</u>だ
의심이 풀리다	(×) 疑いが解ける	(O) 疑いが<u>晴れる</u>
(파일을) 저장하다	(×) 貯蔵する	(O) <u>保存</u>する
연예인	(×) 演藝人	(O) <u>芸能人</u>
택시를 잡다	(×) タクシーをつかむ	(O) タクシーを<u>拾う</u>
출입 금지	(×) 出入禁止	(O) <u>立入禁止</u>
자기 자신	(×) 自己自身	(O) <u>自分自身</u>
방심하다	(×) 放心する	(O) <u>油断</u>する

한자 → 읽는 방법
1. 無駄だ →
2. 晴れる →
3. 保存 →
4. 芸能人 →
5. 拾う →
6. 立入禁止 →
7. 自分自身 →
8. 油断 →

正解(せいかい) 정답

1. むだだ	2. はれる	3. ほぞん	4. げいのうじん
5. ひろう	6. たちいりきんし	7. じぶんじしん	8. ゆだん

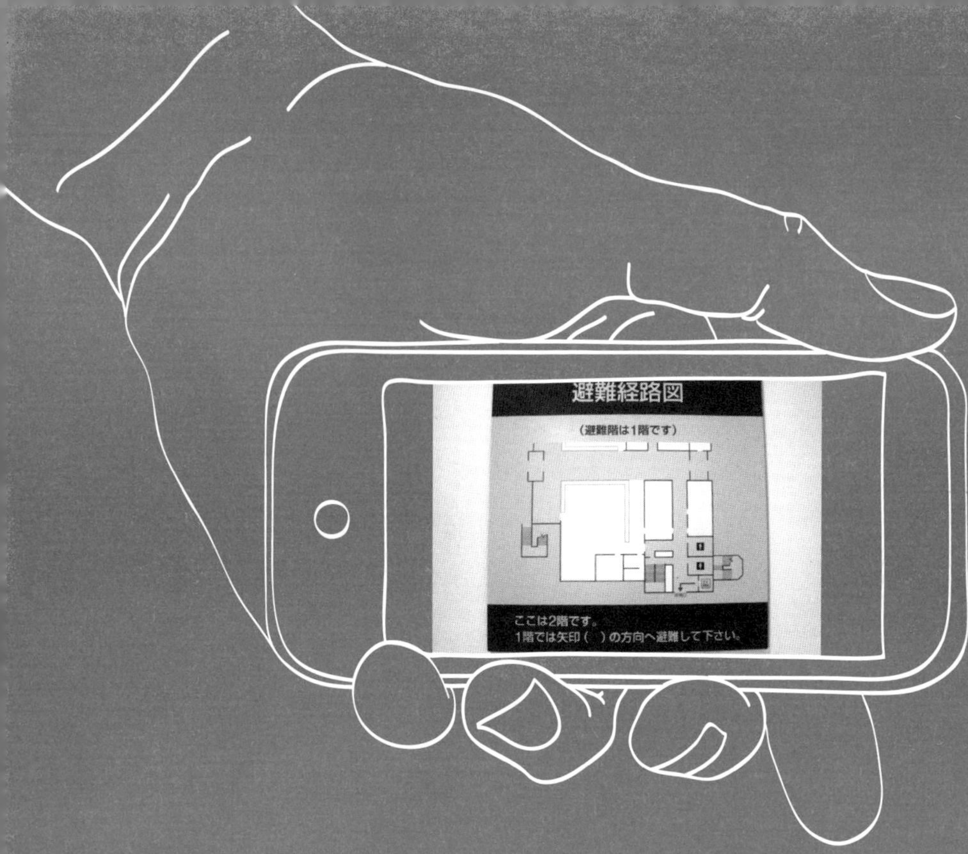

집중 공략 한자
▼
집중 공략 한자 TEST
▼
한자 읽기 법칙
▼
미니 지식

UNIT 6
학교 Ⅱ
学校がっこう Ⅱ

학교 장소　学校がっこうの場所ばしょ

콕쏙 공략 한자 **学**

学生課がくせいか	학생과
教務課きょうむか	교무과
総務課そうむか	총무과
学務課がくむか	학무과

콕쏙 공략 한자 **図**

図書館としょかん	도서관
学生会館がくせいかいかん	학생회관
体育館たいいくかん	체육관
運動場うんどうじょう	운동장
学生食堂がくせいしょくどう → 学食がくしょく	학생 식당

콕쏙 공략 한자 **正**

校門こうもん	교문
正門せいもん	정문
裏門うらもん	뒷문
校舎こうしゃ	교사
教室きょうしつ	교실
講堂こうどう	강당
講義室こうぎしつ	강의실
研究室けんきゅうしつ	연구실

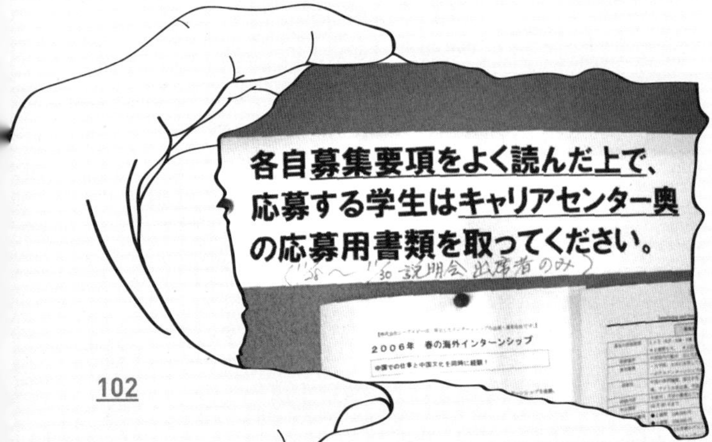

自習室じしゅうしつ	자습실
実験室じっけんしつ	실험실
校庭こうてい	교정
掲示板けいじばん	게시판
避難経路図ひなんけいろず	피난 경로도

학교 입시 学校がっこうの入試にゅうし

入学試験にゅうがくしけん	입학 시험
受験生じゅけんせい	수험생
募集要項ぼしゅうようこう	모집 요강
入学願書にゅうがくがんしょ	입학 원서
応募おうぼ	응모, 지원
書類選考しょるいせんこう	서류 전형
面接めんせつ	면접
推薦書すいせんしょ	추천서
推薦入学すいせんにゅうがく	추천 입학
随時入学可ずいじにゅうがくか	수시 입학 가능

進学しんがく	진학
合格ごうかく	합격
不合格ふごうかく	불합격
入学金にゅうがくきん	입학금
新入生しんにゅうせい	신입생
浪人ろうにん	재수생
日本語能**力**試験にほんごのうりょくしけん	일본어능력시험
資格しかく	자격
就学しゅうがくビザ	취학 비자
奨学金しょうがくきん	장학금

점수 공략 한자 力

학교 행사 | 学校がっこうの行事ぎょうじ

春休はるやすみ	봄 방학
夏休なつやすみ	여름 방학
冬休ふゆやすみ	겨울 방학
遠足えんそく	소풍
学際がくさい	학교 축제
→ 学園祭がくえんさい 학원제, 文化祭ぶんかさい 문화제	
修学旅行しゅうがくりょこう	수학여행
体育大会たいいくたいかい	체육대회
運動会うんどうかい	운동회
中間試験ちゅうかんしけん	중간 시험
期末試験きまつしけん	기말 시험
卒業試験そつぎょうしけん	졸업 시험
弁論大会べんろんたいかい	웅변 대회

점수 공략 한자 体

6 집중 공략 한자

学

음 : ガク

훈 : まなぶ

学生がくせい	학생
学習がくしゅう	학습
数学すうがく	수학
医学いがく	의학
学校がっこう	학교
• 学まなぶ	배우다

図

음 : ズ　ト

훈 : はかる

- 図案ずあん　도안
- 地図ちず　지도
- 合図あいず　신호
- 指図さしず　지시, 명령
- 図書館としょかん　도서관
- 意図いと　의도
- 図はかる　도모하다

正

음 : セイ　ショウ

훈 : ただしい　ただす　まさ

- 正確せいかく　정확
- 正面しょうめん　정면
- 正月しょうがつ　정월
- 正直しょうじき　정직
- 正ただしい　올바르다
- 正ただす　바로잡다
- 正まさに　정말로, 확실히

力

음 : リョク　リキ

훈 : ちから

	協力きょうりょく	협력, 협조
●	力士りきし	씨름꾼
●	力量りきりょう	역량
	力ちから	힘
●	底力そこぢから	저력

体

음 : タイ　テイ

훈 : からだ

	体験たいけん	체험
	団体だんたい	단체
	全体ぜんたい	전체
●	体裁ていさい	겉모양, 외관
●	世間体せけんてい	체면, 평판, 이목
	体からだ	몸

6 집중 공략 한자 TEST

Ⅰ. 次の下線をつけた言葉はどのように読みますか。(A)から(D)の中で一つ選んでください。

1. 図書館でおしゃべりすることはよくありません。
(A) どしょかん (B) どうしょかん (C) としょかん (D) とうしょかん

2. 人生を学ぶために、社会に出た。
(A) かくぶ (B) がくぶ (C) まなぶ (D) ならぶ

3. 正面入口前の案内所につれていく。
(A) せいめん (B) しょめん (C) せめん (D) しょうめん

4. 人の体の温度を体温と言います。
(A) からだ (B) からだい (C) からた (D) からたい

5. 座席定員制にご協力ください。
(A) きょうりょう (B) きょうりょく
(C) きょうちょう (D) きょうちょ

II. 次の下線をつけた言葉はどのような漢字を書きますか。(A)から(D)の中で一つ選んでください。

6. 生まれてはじめて自分の<u>ちから</u>でお金を稼ぎました。
(A) 刀　(B) 方　(C) 力　(D) 万

7. <u>だんたい</u>生活をするにあたっては、 規則をきちんと守る必要がある。
(A) 団対　(B) 団休　(C) 団本　(D) 団体

8. 会社は利益を<u>はかる</u>ために存在する。
(A) 図る　(B) 謀る　(C) 計る　(D) 測る

9. <u>いがく</u>が進歩したおかげで、平均寿命は延びた。
(A) 医学　(B) 以学　(C) 以楽　(D) 医楽

10. 彼の仮説が<u>ただしい</u>かどうか確認する必要がある。
(A) 定しい　(B) 正しい　(C) 政しい　(D) 治しい

해석 및 정답

1. 図書館でおしゃべりすることはよくありません。

해석 도서관에서 수다를 떠는 것은 좋지 않습니다.

어휘 図書館としょかん 도서관　おしゃべり 수다

정답 (C)

2. 人生を学ぶために、社会に出た。

인생을 배우기 위해 사회에 나갔다.

어휘 人生じんせい 인생　学まなぶ 배우다　社会しゃかい 사회　出でる 나가다, 나오다

정답 (C)

3. 正面入口前の案内所につれていく。

정면 입구 앞 안내소에 데리고 가다.

어휘 正面しょうめん 정면　入口いりぐち 입구　案内所あんないしょ 안내소
つれていく 데리고 가다

정답 (D)

4. 人の体の温度を体温と言います。

사람 몸의 온도를 체온이라고 합니다.

어휘 人ひと 사람, 남　体からだ 몸　温度おんど 온도　体温たいおん 체온
～と言いいます ～라고 합니다

정답 (A)

5. 座席定員制にご協力ください。

좌석 정원제에 협조해 주세요.

어휘 座席ざせき 좌석　定員制ていいんせい 정원제　協力きょうりょく 협력, 협조

정답 (B)

해석

6. 生まれてはじめて自分のちからでお金を稼ぎました。

태어나서 처음으로 자신의 힘으로 돈을 벌었습니다.

어휘 生うまれてはじめて 태어나서 처음으로 自分じぶん 자기 자신, 나 力ちから 힘 お金かね 돈 稼かせぐ 벌다, 점수를 올리다

정답 (C)

7. だんたい生活をするにあたっては、規則をきちんと守る必要がある。

단체 생활을 할 때에는 규칙을 정확히 지킬 필요가 있다.

어휘 団体だんたい 단체 生活せいかつ 생활 ~にあたって ~(할) 때 規則きそく 규칙 きちんと 정확히, 깔끔히 守まもる 지키다 必要ひつよう 필요

정답 (D)

8. 会社は利益をはかるために存在する。

회사는 이익을 도모하기 위해서 존재한다.

어휘 会社かいしゃ 회사 利益りえき 이익 図はかる 도모하다 存在そんざい 존재

정답 (A)

9. いがくが進歩したおかげで、平均寿命は延びた。

의학이 진보한 덕분에 평균 수명은 늘었다.

어휘 医学いがく 의학 進歩しんぽ 진보 ~おかげで ~덕분에 平均へいきん 평균 寿命じゅみょう 수명 延のびる 늘어나다, 연장되다

정답 (A)

10. 彼の仮説がただしいかどうか確認する必要がある。

그의 가설이 올바른지 어떤지 확인할 필요가 있다.

어휘 仮説かせつ 가설 正ただしい 올바르다, 옳다 ~かどうか ~인지 어떤지 確認かくにん 확인 必要ひつよう 필요

정답 (B)

6 한자 읽기 법칙

피 → ヒ

皮 被 避 疲 彼 披

皮

음 : ヒ

훈 : かわ

皮膚ひふ 피부

皮肉ひにく 풍자, 역설

皮かわ 가죽, 껍질

※ ピ → 脱皮だっぴ 탈피

被

음 : ヒ

훈 : こうむる

被害ひがい 피해

被告ひこく 피고

被こうむる (피해를) 입다

避

음 : **ヒ**
훈 : さける

避難ひなん 피난
待避たいひ 대피
避さ**ける** 피하다

疲

음 : **ヒ**
훈 : つかれる

疲労ひろう 피로
疲弊ひへい 피폐
疲つか**れる** 피곤하다

彼

음 : **ヒ**
훈 : かれ　かの

彼岸ひがん 춘분·추분을 중심으로 한 7일간
彼かれ 그(이)
彼女かのじょ 그녀

披

음 : **ヒ**
훈 : –

披露宴ひろうえん 피로연
披見ひけん (편지·책 등을) 펴 봄

가 → カ

可 加 仮 価 家 歌 稼 暇

可

음 : **カ**

훈 : -

可能かのう 가능

許可きょか 허가

加

음 : **カ**

훈 : くわわる　くわえる

加工かこう 가공

追加ついか 추가

加くわ**わる** 더해지다

加くわ**える** 보태다

仮

음 : **カ**

훈 : かり

仮説かせつ 가설

仮定かてい 가정

仮釈放かりしゃくほう 가석방

특) **仮病**けびょう 꾀병

価

음 : **カ**

훈 : あたい

価格かかく 가격

物価ぶっか 물가

価あたい 값, 가치

家

음 : **カ**

훈 : いえ　や

12과 집중 공략 한자

家族かぞく 가족

作家さっか 작가

家いえ 집

家賃やちん 집세

특) **家来**けらい 부하
出家しゅっけ 출가

歌

음 : **カ**

훈 : うた　うたう

歌手かしゅ 가수

校歌こうか 교가

歌うた 노래

歌うた**う** 노래하다

稼

음 : **カ**

훈 : かせぐ

稼働かどう 가동

稼業かぎょう 생업

稼かせ**ぐ** 벌다, 수입을 얻다

暇

음 : **カ**

훈 : ひま

休暇きゅうか 휴가

余暇よか 여가

暇ひま 한가함

예외) 가→ **ガイ カイ**

街

음 : **ガイ カイ**

훈 : まち

街路樹がいろじゅ 가로수

商店街しょうてんがい 상점가

街道かいどう 큰길

街まち 거리

미니 지식

まめちしき 豆知識

✻ 다음 내용을 읽고, 밑줄 친 히라가나는 한자(漢字)로, 한자(漢字)는 히라가나로 바꿔서 해답란에 쓰세요.

「花よりダンゴ」というより、実際は「花よりお酒」が本当のところ。最近ではカラオケなどもはなみの席に登場し、桜の花は、飲むための大義名分にすぎなくなっている。その昔、桜のつぼみを塩と梅酢で漬けたものを食べる習慣があったが、これは、自然の精気をたいないに取り入れようとすることがもくてきだったとされている。はなみで酒を飲むのもこれと同じ意味。つまり、花びらを杯に浮かべて一緒に飲み干し、自然と一体になろうという試みなのである。それがいつしか、日頃のストレスの発散ばしょになったのは、日本人に自然を畏敬するきもちがなくなったからだろうか?

해석

'꽃보다 경단(금강산도 식후경)' 이라기보다, 실제로는 '꽃보다 술' 이 맞다. 요즘에는 노래방 기계 등도 꽃구경 자리에 등장하여 벚꽃은 술을 마시기 위한 대의명분에 지나지 않게 되었다. 그 옛날, 벚꽃 봉오리를 소금과 매실초로 절인 것을 먹는 습관이 있었는데, 이것은 자연의 정기를 체내에 받아들이려는 목적이었다고 한다. 꽃구경 때, 술을 마시는 것도 이것과 같은 의미. 즉, 꽃잎을 술잔에 띄워 함께 들이켜 자연과 일체가 되려고 하는 시도인 것이다. 그것이 어느덧 평소의 스트레스 발산 장소가 된 것은 일본인에게 자연을 경외하는 마음이 없어졌기 때문일까?

히라가나 → 한자	한자 → 히라가나
1. はなみ →	6. 実際 →
2. たいない →	7. 登場 →
3. もくてき →	8. 習慣 →
4. ばしょ →	9. 日頃 →
5. きもち →	10. 畏敬 →

正解(せいかい) 정답

1. 花見　2. 体内　3. 目的　4. 場所　5. 気持ち

6. じっさい　7. とうじょう　8. しゅうかん　9. ひごろ　10. いけい

집중 공략 한자
▼
집중 공략 한자 TEST
▼
한자 읽기 법칙
▼
미니 지식

UNIT 7
도로
道路どうろ

도로 표지 | 道路どうろの標識ひょうしき

필수 공략 한자 止

歩行者専用ほこうしゃせんよう 보행자 전용

止とまれ 멈춤

一方通行いっぽうつうこう 일방통행

通行止つうこうどめ 통행 금지

필수 공략 한자 追

通行禁止つうこうきんし 통행 금지

追おい越こし 추월

徐行じょこう 서행

一時停止いちじていし 일시 정지

→ 一旦停止いったんていし 일단 정지

필수 공략 한자 右

停止線ていしせん 정지선

右折うせつ 우회전

左折させつ 좌회전

横断歩道おうだんほどう 횡단보도

踏切ふみきり 철도 건널목

速度規制そくどきせい 속도 규제

急勾配きゅうこうばい 급경사

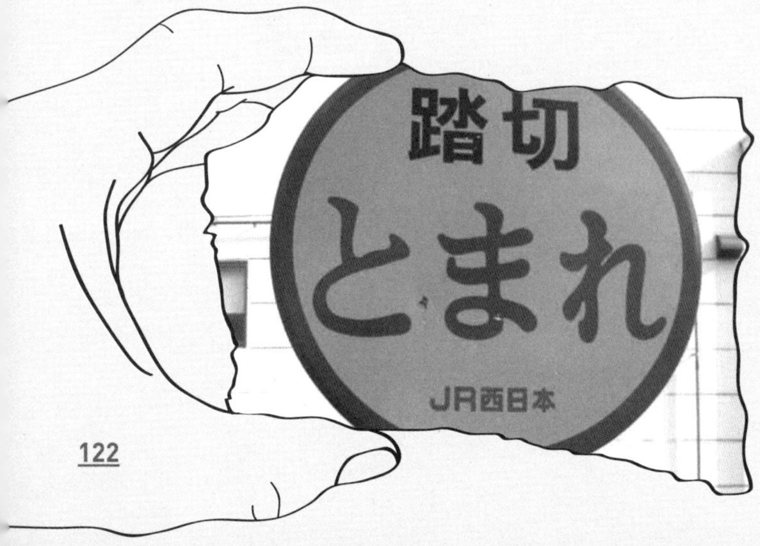

飛とび出だし注意ちゅうい	뛰어나옴 주의
交通標識こうつうひょうしき	교통 표지
警戒標識けいかいひょうしき	경계 표지
落石注意らくせきちゅうい	낙석 주의
凍結注意とうけつちゅうい	빙판 주의
追突注意ついとつちゅうい	추돌 주의
直進ちょくしん	직진
警笛鳴けいてきならせ	경적 울림
交差点こうさてん	교차로
工事中こうじちゅう	공사 중
最高速度さいこうそくど	최고 속도
最低速度さいていそくど	최저 속도
交通安全こうつうあんぜん	교통 안전
重量制限じゅうりょうせいげん	중량 제한
高たかさ制限せいげん	높이 제한
幅員減少ふくいんげんしょう	폭 감소
車両進入禁止しゃりょうしんにゅうきんし	차량 진입 금지

자주 공략한자 結

자주 공략한자 直

도로 종류 · 도로 관련 | 道路どうろの種類しゅるい· 道路関連どうろかんれん

一般道いっぱんどう　일반 도로

首都高しゅとこう　수도고

→ 首都高速道路しゅとこうそくどうろ　수도 고속도로

T字路じろ　T자로

三叉路さんさろ　삼차로

国道こくどう　국도

高速道路こうそくどうろ　고속도로

渋滞じゅうたい　정체

遮断機しゃだんき　차단기

信号しんごう　신호

優先道路ゆうせんどうろ　우선 도로(통과 도로)

駐車場ちゅうしゃじょう　주차장

駐輪場ちゅうりんじょう　자전거 세워 두는 곳

道路情報どうろじょうほう　도로 정보

自賠責じばいせき　자동차 손해 배상 책임 보험

→ 自動車じどうしゃ損害賠償そんがいばいしょう責任保険せきにんほけん

7 집중 공략 한자

止

음 : シ

훈 : とまる　とめる　やむ

中止ちゅうし	중지
停止ていし	정지
止とまる	멈추다, 서다
止とめる	세우다
• 止やむ	(비 등이) 그치다
특) 波止場はとば	부두, 항구

追

음 : ツイ

훈 : おう

- 追求ついきゅう 추구
- 追突ついとつ 추돌
- 追おう 쫓다
- 追おい付つく 따라붙다
- 追おい越こす 추월하다

右

음 : ウ　ユウ

훈 : みぎ

- 右折うせつ 우회전
- ●● 左右さゆう 좌우
- 右みぎ 오른쪽

結

음 : ケツ

훈 : むすぶ　ゆう

結論けつろん	결론
結婚けっこん	결혼
• 結むすぶ	연결하다, 맺다
• 結ゆう	(머리카락 등을) 묶다

直

음 : チョク　ジキ

훈 : なおる　なおす　ただちに

直接ちょくせつ	직접
• 率直そっちょく	솔직
• 直行ちょっこう	직행
• 正直しょうじき	정직
直なおる	고쳐지다
直なおす	고치다
• 直ただちに	곧바로

7 집중 공략 한자 TEST

I. 次の下線をつけた言葉はどのように読みますか。(A)から(D)の中で一つ選んでください。

1. 電話ではなく<u>直接</u>来てください。
   (A) ちょっせつ　(B) ちょせつ　(C) ちょくせつ　(D) ちょうせつ

2. わざわざ息子の<u>結婚</u>式においでくださり、誠にありがとうございました。
   (A) けつこん　(B) けっこん　(C) げつこん　(D) げっこん

3. 車はここでいったん<u>停止</u>しなければいけません。
   (A) ていし　(B) ていじ　(C) ていや　(D) ていしゃ

4. 私の車がトラックの後ろに<u>追突</u>した。
   (A) つうとつ　(B) ついとつ　(C) ちゅとつ　(D) ちゅうとつ

5. 運命を<u>左右</u>するのはIQでも性格でもない。
   (A) さゆう　(B) ざゆう　(C) さう　(D) ざう

Ⅱ. 次の下線をつけた言葉はどのような漢字を書きますか。(A)から(D)の中で一つ選んでください。

6. 自動車が横一列にとまっています。
(A) 正まって　(B) 泊まって　(C) 止まって　(D) 直まって

7. 郵便局に行くには三つ目の角でみぎに曲がってください。
(A) 右　(B) 左　(C) 佑　(D) 在

8. 月末になると仕事におわれて、食事する時間もない。
(A) 終われて　(B) 負われて　(C) 越われて　(D) 追われて

9. みんなの前でしょうじきに話してください。
(A) 正率に　(B) 正直に　(C) 率敷に　(D) 率直に

10. 男の人は女の人の髪をゆってあげています。
(A) 延って　(B) 結って　(C) 決って　(D) 行って

해석 및 정답

해석

1. 電話ではなく直接来てください。

전화가 아니라 직접 와 주세요.

어휘 電話でんわ 전화　直接ちょくせつ 직접　来くる 오다

정답 (C)

2. わざわざ息子の結婚式においでくださり、誠にありがとうございました。

일부러 아들 결혼식에 와 주셔서 정말로 고마웠습니다.

어휘 わざわざ 일부러　息子むすこ 아들　結婚式けっこんしき 결혼식
誠まことに 정말로, 참으로

정답 (B)

3. 車はここでいったん停止しなければいけません。

자동차는 여기에서 일단 정지하지 않으면 안 됩니다.

어휘 車くるま 자동차　いったん 일단　停止ていし 정지

정답 (A)

4. 私の車がトラックの後ろに追突した。

내 차가 트럭 뒤에 추돌했다.

어휘 私わたし 나, 저　車くるま 차　後うしろ 뒤　追突ついとつ 추돌

정답 (B)

5. 運命を左右するのはIQでも性格でもない。

운명을 좌우하는 것은 IQ도 성격도 아니다.

어휘 運命うんめい 운명　左右さゆう 좌우　性格せいかく 성격

정답 (A)

해석

6. 自動車が横一列に<u>とまって</u>います。

자동차가 가로 일렬로 <u>서</u> 있습니다.

어휘 自動車じどうしゃ 자동차 横よこ 가로 一列いちれつ 일렬 止とまる 멈추다, 서다

정답 (C)

7. 郵便局に行くには三つ目の角で<u>みぎ</u>に曲がってください。

우체국에 가려면 세 번째 모퉁이에서 <u>오른쪽</u>으로 돌아주세요.

어휘 郵便局ゆうびんきょく 우체국 ～には ～려면 ～目め ～째 角かど 모퉁이
右みぎ 오른쪽 曲まがる 돌다, 구부러지다

정답 (A)

8. 月末になると仕事に<u>おわれて</u>、食事する時間もない。

월말이 되면 일에 <u>쫓겨서</u> 식사할 시간도 없다.

어휘 月末げつまつ 월말 仕事しごと 일 追おわれる 쫓기다 食事しょくじ 식사
時間じかん 시간

정답 (D)

9. みんなの前で<u>しょうじきに</u>話してください。

모두의 앞에서 <u>정직하게</u> 이야기해 주세요.

어휘 前まえ 앞 正直しょうじきに 정직하게 話はなす 이야기하다

정답 (B)

10. 男の人は女の人の髪を<u>ゆって</u>あげています。

남자는 여자의 머리카락을 <u>묶어</u>주고 있습니다.

어휘 男おとこの人ひと 남자 女おんなの人ひと 여자 髪かみ 머리카락
結ゆう 묶다, 엮다

정답 (B)

7 한자 읽기 법칙

신 → シン

申 辛 身 伸 信 神 新 慎

申

음 : **シン**
훈 : もうす

申請しんせい 신청
答申とうしん 답신
申もうす 말씀드리다

辛

음 : **シン**
훈 : からい

辛抱しんぼう 참음
香辛料こうしんりょう 향신료
辛からい 맵다

身

음 : **シン**
훈 : み

身体しんたい 신체
独身どくしん 독신
身み 몸

집중 공략 한자 ▶ 집중 공략 한자 TEST ▶ 한자 읽기 법칙 ▶ 미니 지식

伸

음 : **シン**

훈 : のびる　のばす

伸縮しんしゅく 신축

追伸ついしん 추신

伸の**びる** 펴지다

伸の**ばす** 펴다

信

음 : **シン**

훈 : –

信用しんよう 신용

自信じしん 자신

神

음 : **シン**

훈 : かみ

神経しんけい 신경

精神せいしん 정신

神かみ 신

특) **神社**じんじゃ 신사

お神酒みき 신전에 올리는 술

神楽かぐら 신에게 제사 지낼 때 연주하는 일본 고유의 무악

新

음 : シン
훈 : あたらしい　あらただ

13과 집중 공략 한자

新聞しんぶん 신문
更新こうしん 갱신
新あたらしい 새롭다
新あらただ 새롭다

慎

음 : シン
훈 : つつしむ

慎重しんちょう 신중
謹慎きんしん 근신
慎つつしむ 삼가다

예외) 신 → ジン

迅

음 : シン
훈 : -

迅速じんそく 신속

리 → リ

利 里 理 裏 離 履

利

음 : **リ**

훈 : きく

利用りよう 이용

便利べんり 편리

利きく 잘 작동하다

里

음 : **リ**

훈 : さと

里程標りていひょう 이정표

郷里きょうり 고향

里さと 마을

理

음 : **リ**

훈 : –

理由りゆう 이유

物理ぶつり 물리

裏

음 : リ
훈 : うら

裏面りめん 이면
脳裏のうり 뇌리
裏うら 뒤, 속

離

음 : リ
훈 : はなれる　はなす

離婚りこん 이혼
距離きょり 거리
離はなれる 떨어지다
離はなす 떼어내다

履

음 : リ
훈 : はく

履歴りれき 이력
草履ぞうり 일본식 짚신
履はく 신다, 입다

예외) 리 → リン

厘

음 : リン
훈 : –

一分一厘いちぶいちりん 아주 적음

미니 지식

まめちしき
豆知識

✲ 다음은 일본의 도로 표지입니다. 표지의 의미를 나타내는 것을 보기에서 골라 한자(漢字)와 읽는 방법(読み方)을 해답란에 쓰세요.

1 	2 	3 
4 	5 	6 

보기 一方通行　重量規制　優先道路　車両進入禁止　歩行者専用　警笛鳴らせ

	한자(漢字)	읽는 방법(読み方)
1		
2		
3		
4		
5		
6		

正解(せいかい) 정답

1. 歩行者専用　ほこうしゃせんよう
2. 一方通行　いっぽうつうこう
3. 警笛鳴らせ　けいてきならせ
4. 重量規制　じゅうりょうきせい
5. 車両進入禁止　しゃりょうしんにゅうきんし
6. 優先道路　ゆうせんどうろ

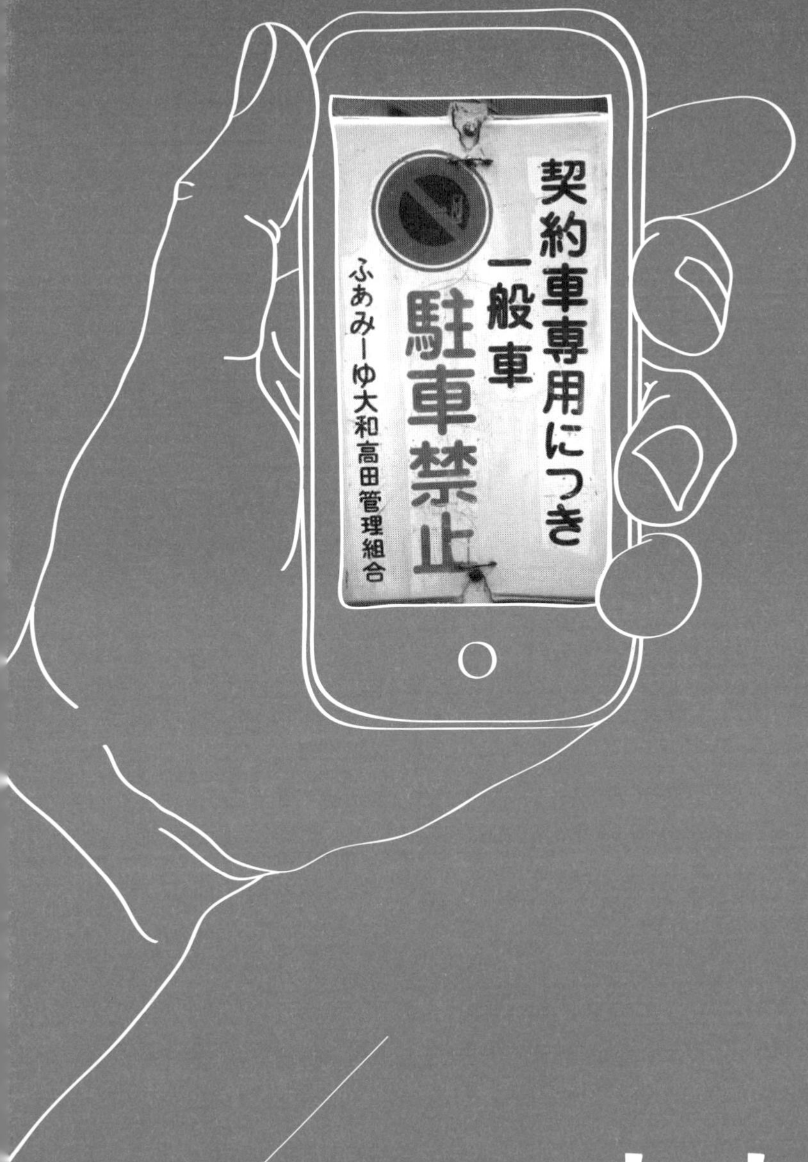

집중 공략 한자

▼

집중 공략 한자 TEST

▼

한자 읽기 법칙

▼

미니 지식

UNIT 8
거리・간판
通とおり・看板かんばん

거리 표지　通とおりの標識ひょうしき

販売中はんばいちゅう	판매 중
営業中えいぎょうちゅう	영업 중
準備中じゅんびちゅう	준비 중
ごみ箱ばこ	쓰레기통
資源しげんごみ	재생 가능한 쓰레기
入口いりぐち	입구
出口でぐち	출구
自動じどうドア	자동문
火ひの用心ようじん	불조심
火気厳禁かきげんきん	화기엄금
可燃物かねんぶつ	가연물
不燃物ふねんぶつ	불연물
危険物きけんぶつ	위험물
消火栓しょうかせん	소화전
消火器しょうかき	소화기
非常口ひじょうぐち	비상구

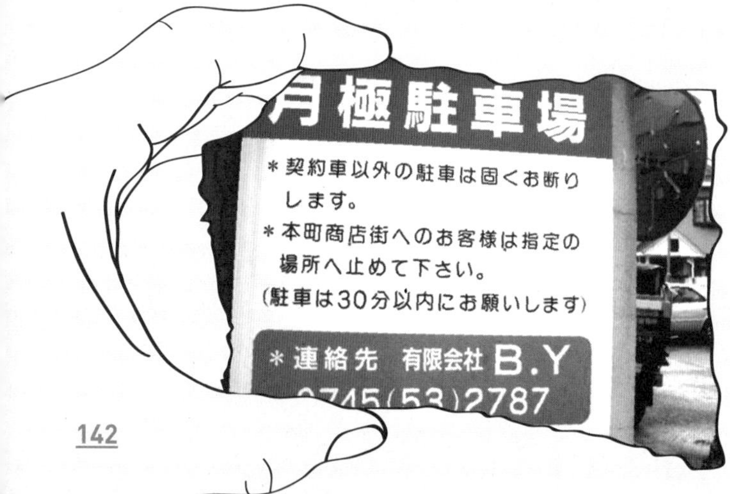

待避所たいひじょ	대피소
駐車禁止ちゅうしゃきんし	주차 금지
立たち入いり禁止きんし	출입 금지
元 足元注意あしもとちゅうい	발밑 주의
子供こども飛とび出だし	어린 아이가 도로로 갑자기 뛰어나옴
頭 頭上注意ずじょうちゅうい	머리 위 조심
シートベルト着用ちゃくよう	안전벨트 착용
自転車じてんしゃ置おき場ば	자전거 세워두는 곳
公衆電話こうしゅうでんわ	공중전화
自販機じはんき	자판기
→ 自動販売機じどうはんばいき 자동판매기	
交番こうばん	파출소
駐車場ちゅうしゃじょう	주차장
アルバイト募集ぼしゅう	아르바이트 모집
禁煙きんえん	금연
月 月極駐車場つきぎめちゅうしゃじょう	월정(액) 주차장
食たべ放題ほうだい	마음껏 먹음, 뷔페
持もち込こみ禁止きんし	지참(가지고 들어오는 것) 금지

간판 | 看板かんばん

居酒屋いざかや	일본식 선술집
喫茶きっさ	카페
珈琲コーヒー	커피
休憩所きゅうけいじょ	휴게소
書店しょてん	서점
寿司すし	초밥
専門店せんもんてん	전문점
焼肉やきにく	불고기
お好このみ焼やき	오코노미야키(일본식 부침개)
理髪店りはつてん	이발소
美容院びよういん	미용실
湯ゆ	목욕탕

8 집중 공략 한자

用

음 : ヨウ

훈 : もちいる

用事ようじ	용무, 일
利用りよう	이용
• 用もちいる	이용하다, 사용하다

燃

음 : ネン

훈 : もえる もやす

• 燃料ねんりょう	연료
• 燃もえる	타다
• 燃もやす	태우다

元

음 : ゲン　　ガン

훈 : もと

元気げんき	건강, 기운
復元ふくげん	복원
• 元日がんじつ	설날
• 元祖がんそ	원조
• 元手もとで	밑천
• 地元じもと	현지, 마을
• 手元てもと	(바로) 곁, 수중
• 足元あしもと	발밑

頭

음 : トウ　　ト　　ズ

훈 : あたま　　かしら

先頭せんとう	선두
•• 音頭おんど	선창
• 頭痛ずつう	두통
• 頭上ずじょう	머리 위
頭あたま	머리
• 目頭めがしら	눈시울

집중 공략 한자 ▶ 집중 공략 한자 TEST ▶ 한자 읽기 법칙 ▶ 미니 지식

月

음 : ガツ　　ゲツ

훈 : つき

何月なんがつ	몇 월
今月こんげつ	이번 달
何ヵ月なんかげつ	몇 개월
● 月給げっきゅう	월급
月つき	달
毎月まいつき	매달, 매월
특) 五月晴さつきばれ	활짝 갠 5월의 날씨
五月雨さみだれ	음력 5월경의 장맛비

8 집중 공략 한자 TEST

Ⅰ. 次の下線をつけた言葉はどのように読みますか。(A)から(D)の中で一つ選んでください。

1. 地元の人々は道路工事に反対した。
   (A) ちもと　(B) じもと　(C) ちげん　(D) じげん

2. 水を燃料として走れる車が開発された。
   (A) ぜんりょう　(B) えんりょう　(C) ねんりょう　(D) れんりょう

3. 頭痛のために学校に行けなかった。
   (A) ずつう　(B) かしらつう　(C) あたまつう　(D) とうつう

4. 今月いっぱいで会社をやめます。
   (A) こんがつ　(B) こんつき　(C) こんげつ　(D) こんづき

5. 食事療法と運動療法を合わせて用いることでダイエット効果を高める。
   (A) よういる　(B) もちいる　(C) よいる　(D) つかいる

Ⅱ. 次の下線をつけた言葉はどのような漢字を書きますか。(A)から(D)の中で一つ選んでください。

6. もえるゴミは紙や新聞など再利用できるものとできないものにさらに分けられる。

(A) 燃える　(B) 灯える　(C) 火える　(D) 焼える

7. 運動を始めてから、どんどんげんきになった。

(A) 原汽　(B) 元汽　(C) 原気　(D) 元気

8. 女性の方は個室のみ、ごりようできます。

(A) 利容　(B) 利用　(C) 利月　(D) 利冊

9. 疲れた時はちょっと昼寝をするとあたまがすっきりする。

(A) 体　(B) 脳　(C) 骨　(D) 頭

10. まいつき15日はこの温泉街のサービス日である。

(A) 毎付　(B) 毎着　(C) 毎月　(D) 毎日

해석 및 정답

해석

1. <u>地元</u>の人々は道路工事に反対した。

<u>마을</u> 사람들은 도로 공사에 반대했다.

어휘 地元じもと 그 마을, 자기 고장 人々ひとびと 사람들 道路どうろ 도로 工事こうじ 공사 反対はんたい 반대

정답 (B)

2. 水を<u>燃料</u>として走れる車が開発された。

물을 <u>연료</u>로 해서 달릴 수 있는 차가 개발되었다.

어휘 水みず 물 燃料ねんりょう 연료 走はしる 달리다 車くるま 차 開発かいはつ 개발

정답 (C)

3. <u>頭痛</u>のために学校に行けなかった。

<u>두통</u> 때문에 학교에 갈 수 없었다.

어휘 頭痛ずつう 두통 学校がっこう 학교 行いく 가다

정답 (A)

4. <u>今月</u>いっぱいで会社をやめます。

<u>이번 달</u>을 마지막으로 회사를 그만 두겠습니다.

어휘 今月こんげつ 이번 달 会社かいしゃ 회사 やめる 그만두다

정답 (C)

5. 食事療法と運動療法を合わせて<u>用いる</u>ことでダイエット効果を高める。

식사요법과 운동요법을 함께 <u>사용함</u>으로써 다이어트 효과를 높인다.

어휘 食事しょくじ 식사 療法りょうほう 요법 運動うんどう 운동 合あわせる 합치다 用もちいる 사용하다 効果こうか 효과 高たかめる 높이다

정답 (B)

해석

6. もえるゴミは紙や新聞など再利用できるものとできないものにさらに分けられる。

타는 쓰레기는 종이와 신문 등 재활용할 수 있는 것과 할 수 없는 것으로 다시 한 번 나눌 수 있다.

어휘 燃もえる 타다　紙かみ 종이　新聞しんぶん 신문　再利用さいりよう 재이용, 재활용　分わける 나누다

정답 (A)

7. 運動を始めてから、どんどんげんきになった。

운동을 시작하고 나서 점점 건강해졌다.

어휘 運動うんどう 운동　始はじめる 시작하다　元気げんき 건강

정답 (D)

8. 女性の方は個室のみ、ごりようできます。

여성분은 개인실만 이용하실 수 있습니다.

어휘 女性じょせい 여성　方かた 분　個室こしつ 독방, 개인실　利用りよう 이용

정답 (B)

9. 疲れた時はちょっと昼寝をするとあたまがすっきりする。

피곤할 때는 잠깐 낮잠을 자면 머리가 개운해진다.

어휘 疲つかれる 피곤하다　昼寝ひるね 낮잠　頭あたま 머리

정답 (D)

10. まいつき15日はこの温泉街のサービス日である。

매월 15일은 이 온천가의 서비스 날이다.

어휘 毎月まいつき 매월　温泉おんせん 온천　~街がい ~가

정답 (C)

8 한자 읽기 법칙

영 → エイ

永 泳 英 栄 映 営 影 詠

永

음 : **エイ**
훈 : ながい

永遠えいえん 영원
永久えいきゅう 영구
永ながい (시간이) 길다

泳

음 : **エイ**
훈 : およぐ

泳法えいほう 영법
水泳すいえい 수영
泳およぐ 헤엄치다

英

음 : **エイ**
훈 : -

英語えいご 영어
和英わえい 일본어와 영어

栄

음 : **エイ**

훈 : さかえる　はえ　はえる

- **栄養**えいよう 영양
- **繁栄**はんえい 번영
- **栄**さか**える** 번영하다, 번창하다
- **見栄**みば**え** 돋보임

映

음 : **エイ**

훈 : うつる　うつす　はえる

- **映画**えいが 영화
- **反映**はんえい 반영
- **映**うつ**る** 비치다
- **映**うつ**す** 비추다
- **映**は**える** 빛나다

営

음 : **エイ**

훈 : いとなむ

- **営業**えいぎょう 영업
- **運営**うんえい 운영
- **営**いとな**む** 경영하다

影

음 : **エイ**
훈 : かげ

影響えいきょう 영향
撮影さつえい 촬영
影かげ 그림자

詠

음 : **エイ**
훈 : よむ

詠嘆えいたん 깊이 감동함
朗詠ろうえい 낭송
詠よ**む** (시가 등을) 읊다, 짓다

예외) 영 → **ゲイ**

迎

음 : **ゲイ**
훈 : むかえる

歓迎かんげい 환영
迎むか**える** 맞이하다

집중 공략 한자 ▶ 집중 공략 한자 TEST ▶ 한자 읽기 법칙 ▶ 미니 지식

복 → フク

服 復 腹 複 福 伏 覆

服

음 : **フク**

훈 : –

服装ふくそう 복장

洋服ようふく 양복

復

음 : **フク**

훈 : –

復習ふくしゅう 복습

往復おうふく 왕복

特) **復活**ふっかつ 부활

腹

음 : **フク**

훈 : はら

腹痛ふくつう 복통

腹はら 배

※ **プク → 満腹**まんぷく 배가 부름

複

음 : **フク**

훈 : -

複雑ふくざつ 복잡

複合ふくごう 복합

重複じゅうふく 중복

福

음 : **フク**

훈 : -

福祉ふくし 복지

幸福こうふく 행복

伏

음 : **フク**

훈 : ふせる

伏線ふくせん 복선

伏ふ**せる** 엎드리다

※ プク → 潜伏せんぷく 잠복

覆

음 : **フク**

훈 : おおう　くつがえす

覆面ふくめん 복면

覆おお**う** 덮다

覆くつがえ**す** 뒤집다

※ **プク → 転覆**てんぷく 전복

예외) 복 → **ボク**

僕

음 : **ボク**

훈 : –

僕ぼく 나, 저

미니 지식

豆知識(まめちしき)

✲ 다음 게시물은 거리에서 자주 보게 되는 것입니다.
한자(漢字)의 읽는 방법(読み方)을 해답란에 쓰세요.

1

2

3

4

5

6

집중 공략 한자 ▶ 집중 공략 한자 TEST ▶ 한자 읽기 법칙 ▶ 미니 지식

한자 → 읽는 방법
1. **募集**(모집) →
2. **消火器**(소화기) →
3. **注意**(주의) **子供飛出し**(어린이 뛰어나옴) →
4. **居酒屋**(일본식 선술집) →
5. **自転車置場**(자전거 세워두는 곳) →
6. **月極駐車場**(월정액 주차장) →

正解(せいかい) 정답

1. ぼしゅう 2. しょうかき 3. ちゅうい / こども とびだし
4. いざかや 5. じてんしゃおきば 6. つきぎめちゅうしゃじょう

집중 공략 한자

▼

집중 공략 한자 TEST

▼

한자 읽기 법칙

▼

미니 지식

UNIT 9
병원 Ⅰ
病院びょういん Ⅰ

신체 　身体しんたい

頭あたま	머리
額ひたい	이마
目め	눈
耳みみ	귀
鼻はな	코
口くち	입
首くび	목
肩かた	어깨
腕うで	팔
肘ひじ	팔꿈치
腰こし	허리
背中せなか	등
手て	손
手首てくび	손목

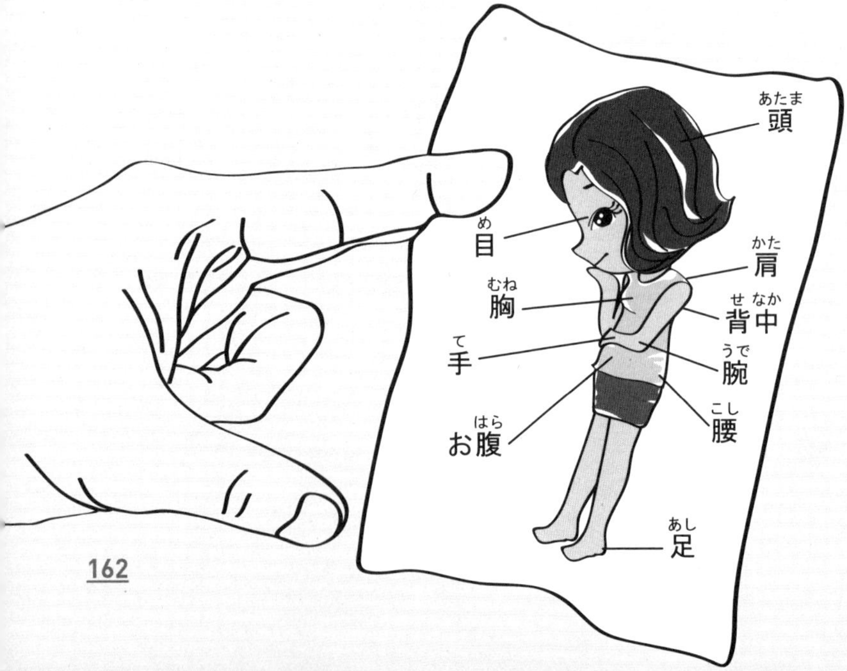

指ゆび	손가락
爪つめ	손톱
脚あし	다리
太股ふともも	허벅지
膝ひざ	무릎
足あし	발
足首あしくび	발목
脳のう	뇌
舌した	혀
骨ほね	뼈
筋肉きんにく	근육
関節かんせつ	관절
肺はい	폐
胃い	위
腸ちょう	장
盲腸もうちょう	맹장
心臓しんぞう	심장
肝臓かんぞう	간장
腎臓じんぞう	신장
血管けっかん	혈관
血液けつえき	혈액
神経しんけい	신경

증상・처방 | 症状しょうじょう・処方しょほう

偏頭痛へんずつう	편두통
腹痛ふくつう	복통
生理痛せいりつう	생리통
熱ねつ	열
微熱びねつ	미열
咳せき	기침
鼻水はなみず	콧물
出血しゅっけつ	출혈
最高血圧さいこうけつあつ	최고 혈압
最低血圧さいていけつあつ	최저 혈압
寒気かんき	추위
処方箋しょほうせん	처방전
食後しょくご	식후
食前しょくぜん	식전

집중 공략 한자 生

집중 공략 한자 気

錠剤じょうざい	알약
一錠いちじょう	한 알
薬くすり	약
粉薬こなぐすり	가루약
水薬みずぐすり	물약
投薬とうやく	투약
安静あんせい	안정
注射ちゅうしゃ	주사
手術しゅじゅつ	수술
内視鏡ないしきょう	내시경
集中治療しゅうちゅうちりょう	집중 치료
麻酔ますい	마취
輸血ゆけつ	수혈
人工透析じんこうとうせき	인공투석
点滴てんてき	링거

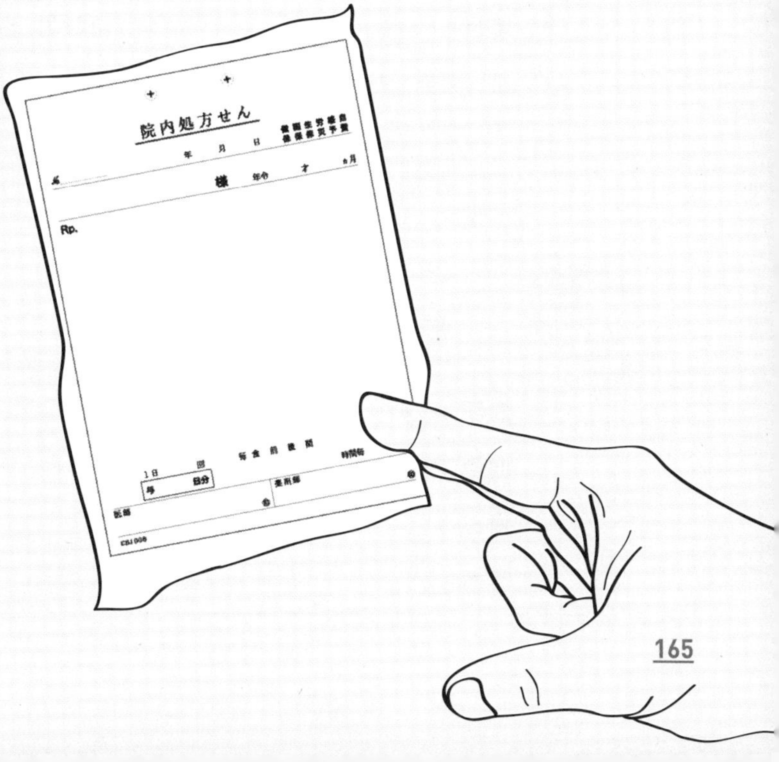

9 집중 공략 한자

目

음 : モク　ボク

훈 : め　ま

目的もくてき	목적
目標もくひょう	목표
注目ちゅうもく	주목
• 面目めんぼく, めんもく	면목
目め	눈
• 羽目はめ	곤란한 처지나 입장
• 境目さかいめ	경계점, 갈림길
• 目まの当あたり	눈앞, 직접

血

음 : ケツ

훈 : ち

血圧けつあつ	혈압
血色けっしょく	혈색
血ち	피
• 鼻血はなぢ	코피

집중 공략 한자 ▶ 집중 공략 한자 TEST ▶ 한자 읽기 법칙 ▶ 미니 지식

生

음 : セイ　ショウ

훈 : いきる　おう　うまれる　き　はえる　なま

	野生やせい	야생
●	生涯しょうがい	생애
●	一生いっしょう	평생
	誕生日たんじょうび	생일
	生いきる	살다
●	生おい茂しげる	우거지다
	生うまれる	태어나다
●●	生一本きいっぽん	강직함
●	生はえる	나다
●	生意気なまいき	건방짐

気

음 : キ　ケ

훈 : –

	気分きぶん	기분
●	気楽きらくだ	속 편하다
●	気候きこう	기후
●	雰囲気ふんいき	분위기
	不景気ふけいき	불경기
●	気配けはい	낌새, 기미
●	湿気しっけ	습기
	특) 意気地いくじ	패기, 의지

治

음 : ジ　チ

훈 : なおる　なおす　おさまる　おさめる

- 政治せいじ　정치
- 自治じち　자치
- 治療ちりょう　치료

治なおる　치료되다

治なおす　치료하다

- 治おさまる　진정되다, 다스려지다
- 治おさめる　다스리다

MEMO

メモ

9 집중 공략 한자 TEST

Ⅰ. 次の下線をつけた言葉はどのように読みますか。(A)から(D)の中で一つ選んでください。

1. 血圧が高くて、健康に気をつけている。
   (A) ちあつ (B) ぢあつ (C) けつあつ (D) けっあつ

2. 木村さんの誕生日は去る1月30日だった。
   (A) たんせいび (B) たんぜいび
   (C) たんしょうび (D) たんじょうび

3. 今さら、目標を変更するわけにはいかない。
   (A) めひょう (B) めいひょう (C) もくひょう (D) ぼくひょう

4. 国民の政治への無関心さが目立つ。
   (A) せいじ (B) せいち (C) しょうじ (D) しょうち

5. この薬は湿気をさけて保管してください。
   (A) しつき (B) しっき (C) しつけ (D) しっけ

Ⅱ. 次の下線をつけた言葉はどのような漢字を書きますか。(A)から(D)の中で一つ選んでください。

6. この店の味は一度食べるといっしょう忘れられません。

(A) 一生　(B) 一所　(C) 一緒　(D) 一性

7. 薬を飲んで、風邪はすっかりなおった。

(A) 直った　(B) 治った　(C) 改った　(D) 正った

8. 最近、めが回るほど忙しい。

(A) 自　(B) 白　(C) 目　(D) 日

9. 給料が少なくても、きらくな仕事の方がいい。

(A) 快楽な　(B) 汽楽な　(C) 紀楽な　(D) 気楽な

10. どうしたんですか、ひざからちが出ていますよ。

(A) 皿　(B) 血　(C) 貝　(D) 頁

해석 및 정답

해석

1. 血圧が高くて、健康に気をつけている。

혈압이 높아서 건강에 조심하고 있다.

어휘 血圧けつあつ 혈압 高たかい 높다, 비싸다 健康けんこう 건강
気きをつける 조심하다

정답 (C)

2. 木村さんの誕生日は去る1月30日だった。

기무라 씨의 생일은 지난 1월 30일이었다.

어휘 誕生日たんじょうび 생일 去さる 지난

정답 (D)

3. 今さら、目標を変更するわけにはいかない。

이제 와서 목표를 변경할 수는 없다.

어휘 今いまさら 이제 와서 目標もくひょう 목표 変更へんこう 변경

정답 (C)

4. 国民の政治への無関心さが目立つ。

국민의 정치에 대한 무관심이 눈에 띈다.

어휘 国民こくみん 국민 政治せいじ 정치 無関心むかんしんさ 무관심함
目立めだつ 눈에 띄다

정답 (A)

5. この薬は湿気をさけて保管してください。

이 약은 습기를 피해서 보관해 주세요.

어휘 薬くすり 약 湿気しっけ 습기 保管ほかん 보관

정답 (D)

해석

6. この店の味は一度食べるといっしょう忘れられません。

이 가게의 맛은 한번 먹으면 평생 잊을 수 없습니다.

어휘 店みせ 가게　味あじ 맛　一度いちど 한번　食たべる 먹다　一生いっしょう 평생　忘わすれる 잊다

정답 (A)

7. 薬を飲んで、風邪はすっかりなおった。

약을 먹고, 감기는 완전히 나았다.

어휘 薬くすりを飲のむ 약을 먹다　風邪かぜ 감기　治なおる (병이) 낫다

정답 (B)

8. 最近、めが回るほど忙しい。

최근에 눈이 돌 정도로 바쁘다.

어휘 最近さいきん 최근　目め 눈　回まわる 돌다　忙いそがしい 바쁘다

정답 (C)

9. 給料が少なくても、きらくな仕事の方がいい。

월급이 적어도 속 편한 일 쪽이 좋다.

어휘 給料きゅうりょう 월급　少すくない 적다　気楽きらくだ 속 편하다　仕事しごと 일　~方ほう ~쪽

정답 (D)

10. どうしたんですか、ひざからちが出ていますよ。

무슨 일이에요? 무릎에서 피가 나오고 있어요.

어휘 血ち 피　出でる 나오다, 나가다

정답 (B)

9 한자 읽기 법칙

성 → セイ

成 声 性 省 星 盛 誠

成

음 : **セイ**
훈 : なる なす

成功せいこう 성공
賛成さんせい 찬성
成なる 되다
成なす 이루다
特) **成就**じょうじゅ 성취

声

음 : **セイ**
훈 : こえ こわ

声援せいえん 성원
音声おんせい 음성
声こえ 목소리
声色こわいろ 음색
特) **声明**しょうみょう 성명

집중 공략 한자 ▶ 집중 공략 한자 TEST ▶ 한자 읽기 법칙 ▶ 미니 지식

性

음 : **セイ**
훈 : –

性格せいかく 성격

男性だんせい 남성

특) **相性**あいしょう 서로 성격이 맞음

根性こんじょう 근성

省

음 : **セイ**
훈 : はぶく　かえりみる

12과 집중 공략 한자

反省はんせい 반성

帰省きせい 귀성

省はぶ**く** 생략하다

省かえり**みる** 반성하다

특) **省**しょう**エネ** 에너지 절약

星

음 : **セイ**
훈 : ほし

星座せいざ 성좌

衛星えいせい 위성

星ほし 별

특) **明星**みょうじょう 금성

盛

음 : **セイ**

훈 : もる　さかん　さかる

盛大せいだい 성대

隆盛りゅうせい 융성

盛も**る** 담다

盛さか**んだ** 왕성하다

花盛はなざか**り** 꽃이 한창임, 여자가 가장 아름다운 나이

특) **繁盛**はんじょう 번성

誠

음 : **セイ**

훈 : まこと

誠実せいじつ 성실

誠意せいい 성의

誠まこと**に** 정말로, 매우

예외) 성 → **ジョウ**

城

음 : **ジョウ**

훈 : しろ

大阪城おおさかじょう 오사카 성

城しろ 성

집중 공략 한자 ▶ 집중 공략 한자 TEST ▶ 한자 읽기 법칙 ▶ 미니 지식

천 → セン

川 千 泉 浅 薦 践 遷

川

음 : **セン**
훈 : かわ

- **河川**かせん 하천
- **山川**さんせん 산천
- **川**かわ 강

千

음 : **セン**
훈 : ち

- **千円**せんえん 천 엔
- **千差万別**せんさばんべつ 천차만별
- **千草**ちぐさ 갖가지 많은 풀

泉

음 : **セン**
훈 : いずみ

- **温泉**おんせん 온천
- **源泉**げんせん 원천
- **泉**いずみ 샘

浅

음 : **セン**
훈 : あさい

浅薄せんぱく 천박
深浅しんせん 깊고 얕음
浅あさ**い** 얕다

薦

음 : **セン**
훈 : すすめる

推薦すいせん 추천
薦すす**める** 추천하다

践

음 : **セン**
훈 : –

実践じっせん 실천

遷

음 : **セン**
훈 : –

遷都せんと 수도를 옮김
変遷へんせん 변천

집중 공략 한자 ▶ 집중 공략 한자 TEST ▶ 한자 읽기 법칙 ▶ 미니 지식

예외) 천 → **テン**

天

음 : **テン**

훈 : あま

天然てんねん 천연

雨天うてん 우천

天あま**の川**がわ 은하수

미니 지식

まめちしき
豆知識

✻ 밑줄 친 한자(漢字)의 읽는 방법(読み方)을 해답란에 쓰세요.

	이런 말 있을까요?	일본 사람은 이렇게 말해요
채소 가게	(×) 野菜屋	(O) 八百屋
쌍꺼풀	(×) 二つの皮	(O) 二重まぶた
학점	(×) 学点	(O) 単位
효도	(×) 孝道	(O) 親孝行
사진이 잘 나오다	(×) 写真がよく出る	(O) 写真(の)写りがいい。
평생	(×) 平生	(O) 一生
연말에 먹는 메밀국수	(×) 年末に食べるそば	(O) 年越そば
작심삼일	(×) 作心三日	(O) 三日坊主

집중 공략 한자 ▶ 집중 공략 한자 TEST ▶ 한자 읽기 법칙 ▶ 미니 지식

한자 → 읽는 방법
1. 八百屋 →
2. 二重 →
3. 単位 →
4. 親孝行 →
5. 写真(の)写り →
6. 一生 →
7. 年越 →
8. 三日坊主 →

正解(せいかい) 정답

1. やおや　2. ふたえ　3. たんい　4. おやこうこう
5. しゃしん(の)うつり　6. いっしょう　7. としこし　8. みっかぼうず

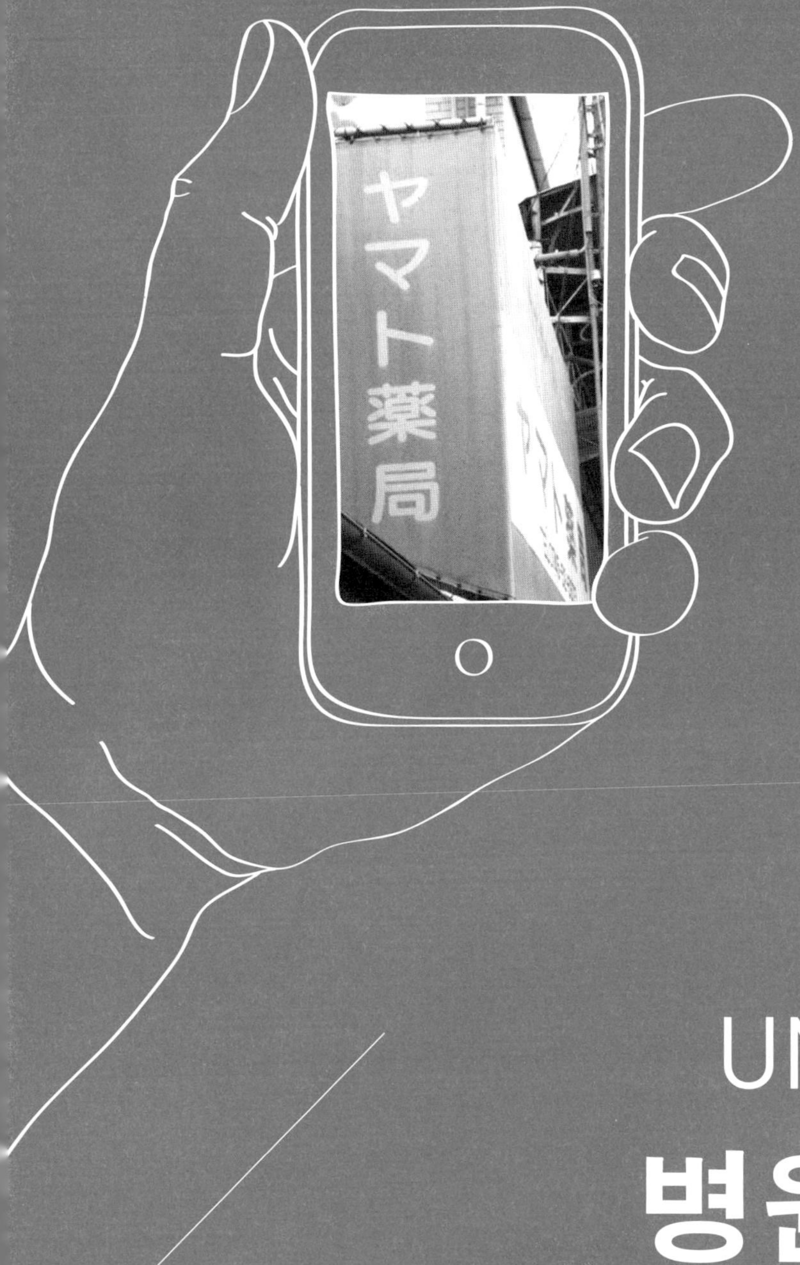

집중 공략 한자

▼

집중 공략 한자 TEST

▼

한자 읽기 법칙

▼

미니 지식

UNIT 10

병원 Ⅱ

病院びょういん Ⅱ

병원 안내 | 病院案内びょういんあんない

필승 공략 한자 齒 外

필승 공략 한자 形

内科ないか	내과
歯科しか	치과
外科げか	외과
小児科しょうにか	소아과
眼科がんか	안과
整形外科せいけいげか	정형외과
耳鼻咽喉科じびいんこうか	이비인후과
泌尿器科ひにょうきか	비뇨기과
皮膚科ひふか	피부과
産婦人科さんふじんか	산부인과
医者いしゃ	의사
看護婦かんごふ	간호사
介護かいご	간호
患者かんじゃ	환자
健康保険けんこうほけん	건강보험
受付うけつけ	접수

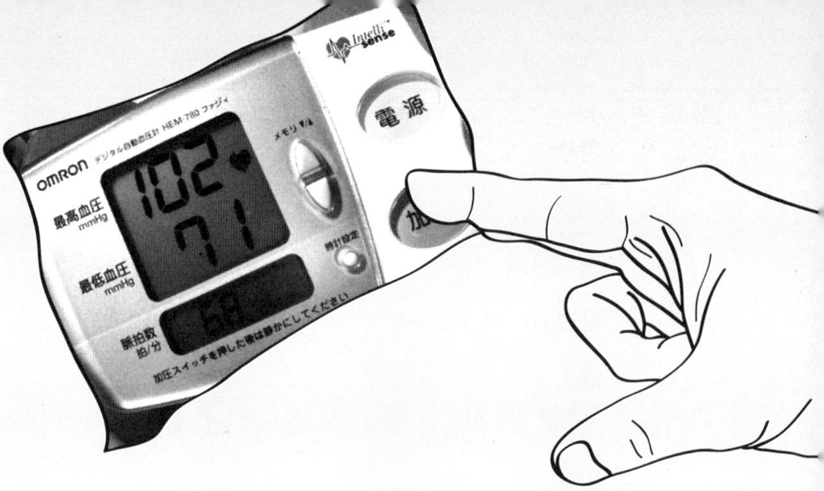

手続てつづき	수속
薬局やっきょく	약국
予約よやく	예약
来院らいいん	내원
外来がいらい	외래
入院にゅういん	입원
退院たいいん	퇴원
休診きゅうしん	휴진
診療時間しんりょうじかん	진료 시간
夜間診察やかんしんさつ	야간 진찰
面会謝絶めんかいしゃぜつ	면회 사절

진단 診断しんだん

風邪かぜ	감기
火傷やけど	화상
花粉症かふんしょう	꽃가루 알레르기
肥満ひまん	비만
打撲だぼく	타박

骨折こっせつ	골절
捻挫ねんざ	관절을 삠, 염좌
高血圧こうけつあつ	고혈압
低血圧ていけつあつ	저혈압
傷きず	상처
→ 切きり傷きず 베인 상처, 擦すり傷きず 긁힌 상처	
虫歯むしば	충치
食中毒しょくちゅうどく	식중독
癌がん	암
凍傷とうしょう	동상
糖尿病とうにょうびょう	당뇨병
感染症かんせんしょう	감염증
肺炎はいえん	폐렴
白血病はっけつびょう	백혈병
成人病せいじんびょう	성인병
下痢げり	설사
便秘べんぴ	변비
不妊ふにん	불임
貧血ひんけつ	빈혈
喘息ぜんそく	천식
甲状腺こうじょうせん	갑상샘
動脈硬化どうみゃくこうか	동맥경화
精神障害せいしんしょうがい	정신장애
良性りょうせい	양성
悪性あくせい	악성
重症じゅうしょう	중증
軽症けいしょう	경증

10 집중 공략 한자

歯

음 : シ

훈 : は

• 歯科しか	치과
歯は	이, 치아
虫歯むしば	충치

外

음 : ガイ　ゲ

훈 : そと　ほか　はずれる　はずす

外国がいこく	외국
海外かいがい	해외
• 外科げか	외과
外そと	밖
外ほか	다른 곳, 외부, ~외
• 外はずれる	떨어지다
• 外はずす	떼어내다, (자리 등을) 비우다

形

음 : ケイ　ギョウ
훈 : かたち　かた

	三角形さんかくけい	삼각형
•	整形せいけい	정형
	成形せいけい	성형
•	人形にんぎょう	인형
	形かたち	형태
•	形見かたみ	유품

病

음 : ビョウ　ヘイ
훈 : やむ　やまい

	病気びょうき	병
	病院びょういん	병원
•	疾病しっぺい	질병
•	病やむ	앓다
•	病やまい	병

人

음 : ジン　ニン

훈 : ひと

人生じんせい	인생
人口じんこう	인구
• 人形にんぎょう	인형
• 人間にんげん	인간
• 人数にんずう	인원수
人ひと	사람, 남
• 人柄ひとがら	인품
• 人手ひとで	일손
• 人出ひとで	인파
특) 一人ひとり	한 사람
二人ふたり	두 사람
大人おとな	어른, 성인
素人しろうと	초보자
玄人くろうと	전문가
仲人なこうど	중매인

10 집중 공략 한자 TEST

I. 次の下線をつけた言葉はどのように読みますか。(A)から(D)の中で一つ選んでください。

1. 9才の女の子が、誤って睡眠薬を多量に飲み、<u>病院</u>に運ばれた。
   (A) びょいん　(B) びょういん　(C) びょえん　(D) びょうえん

2. この薬はカプセルの<u>形</u>をしている。
   (A) けい　(B) かた　(C) ぎょう　(D) かたち

3. 歯が痛いなら、早く<u>歯科</u>に行きなさい。
   (A) しか　(B) じか　(C) はか　(D) ばか

4. <u>人間</u>の大腸内の細胞は、多い人で100種類、100兆個と言われている。
   (A) じんげん　(B) じんけん　(C) にんげん　(D) にんけん

5. 部長は今、席を<u>外して</u>おりますが...
   (A) くずして　(B) はずして　(C) はなして　(D) がいして

Ⅱ. 次の下線をつけた言葉はどのような漢字を書きますか。(A)から(D)の中で一つ選んでください。

6. 怪我をしたひとはいなかったが、窓ガラスがたくさん割れた。
   (A) 入　(B) 物　(C) 人　(D) 者

7. むしばを抜きに病院に行ってきました。
   (A) 虫葉　(B) 虫羽　(C) 虫歯　(D) 虫輪

8. やまいは気から。
   (A) 疾　(B) 病　(C) 炳　(D) 併

9. お金ができたら、かいがい旅行に行きたい。
   (A) 海列　(B) 海郊　(C) 海朴　(D) 海外

10. 鼻の形を変えるためにせいけい手術を受けた。
   (A) 整形　(B) 整型　(C) 成刑　(D) 成刊

해석 및 정답

해석

1. 9才の女の子が、誤って睡眠薬を多量に飲み、病院に運ばれた。

아홉 살 여자 아이가 실수로 수면제를 다량으로 먹어 병원으로 옮겨졌다.

어휘 誤あやまる 실수하다, 잘못되다　睡眠薬すいみんやく 수면제　多量たりょう 다량　病院びょういん 병원　運はこぶ 옮기다, 운반하다

정답 (B)

2. この薬はカプセルの形をしている。

이 약은 캡슐 형태를 하고 있다.

어휘 薬くすり 약　形かたち 형태

정답 (D)

3. 歯が痛いなら、早く歯科に行きなさい。

이가 아프면 빨리 치과에 가라.

어휘 歯は 이　痛いたい 아프다　早はやく 빨리　歯科しか 치과

정답 (A)

4. 人間の大腸内の細胞は、多い人で100種類、100兆個と言われている。

인간의 대장 내의 세포는 많은 사람은 100종류, 100조 개인 것으로 알려져 있다.

어휘 人間にんげん 인간　大腸だいちょう 대장　～内ない ～내　種類しゅるい 종류　～兆ちょう ～조　～個こ ～개

정답 (C)

5. 部長は今、席を外しておりますが...

부장님은 지금 자리를 비우고 있습니다만...

어휘 部長ぶちょう 부장　席せきを外はずす 자리를 비우다

정답 (B)

해석

6. 怪我をしたひとはいなかったが、窓ガラスがたくさん割れた。

다친 사람은 없었지만, 창유리가 많이 깨졌다.

어휘 怪我けがをする 다치다, 부상을 입다　人ひと 사람, 남　窓まどガラス 창유리　割われる 깨지다

정답 (C)

7. むしばを抜きに病院に行ってきました。

충치를 뽑으러 병원에 다녀왔습니다.

어휘 虫歯むしば 충치　抜ぬく 뽑다　病院びょういん 병원

정답 (C)

8. やまいは気から。

병은 마음에서부터.

어휘 病やまい 병　気き 마음

정답 (B)

9. お金ができたら、かいがい旅行に行きたい。

돈이 생기면 해외 여행을 가고 싶다.

어휘 お金かね 돈　海外かいがい 해외　旅行りょこう 여행

정답 (D)

10. 鼻の形を変えるためにせいけい手術を受けた。

코의 형태를 바꾸기 위해서 정형수술을 받았다.

어휘 鼻はな 코　形かたち 형태　変かえる 바꾸다　整形せいけい 정형　手術しゅじゅつ 수술　受うける 받다

정답 (A)

10 한자 읽기 법칙

석 → セキ

夕 石 昔 席 惜 析

夕

음 : **セキ**
훈 : ゆう

今夕こんせき 오늘 밤
一朝一夕いっちょういっせき 일조일석
夕ゆう**べ** 어제저녁
特) **七夕**たなばた 칠석

石

음 : **セキ**
훈 : いし

石炭せきたん 석탄
懐石かいせき 회석
石いし 돌
特) **磁石**じしゃく 자석

昔

음 : **セキ**

훈 : むかし

昔日せきじつ 옛날

昔むかし 옛날

특) **今昔**こんじゃく 지금과 옛날

席

음 : **セキ**

훈 : –

席上せきじょう 여러 사람이 모인 자리

出席しゅっせき 출석

특) **席巻**せっけん 석권

寄席よせ 연예장

惜

음 : **セキ**

훈 : おしい　おしむ

惜敗せきはい 석패

哀惜あいせき 애석

惜お**しい** 아깝다

惜お**しむ** 아쉬워하다

析

음 : セキ

훈 : -

分析ぶんせき 분석

解析かいせき 해석

예외) 석 → シャク

釈

음 : シャク

훈 : -

釈放しゃくほう 석방

解釈かいしゃく 해석

요 → ヨウ

要 腰 揺 謡 曜 窯

要

음 : **ヨウ**
훈 : いる

要件ようけん 요건
重要じゅうよう 중요
要いる 필요하다

腰

음 : **ヨウ**
훈 : こし

腰痛ようつう 요통
腰部ようぶ 허리 부분
腰こし 허리

揺

음 : **ヨウ**
훈 : ゆれる　ゆする

揺籃ようらん 요람
動揺どうよう 동요
揺ゆれる 흔들리다
揺ゆする 흔들다

謡

음 : **ヨウ**
훈 : うたう

民謡みんよう 민요
歌謡かよう 가요
謡うた**う** 노래하다

曜

음 : **ヨウ**
훈 : -

曜日ようび 요일
火曜日かようび 화요일

窯

음 : **ヨウ**
훈 : かま

窯業ようぎょう 요업
窯かま 가마

예외) 요 → **オウ**

凹

음 : **オウ**

훈 : –

凹凸おうとつ 요철

특) **凸凹**でこぼこ 울퉁불퉁

미니 지식

豆知識(まめちしき)

✲ 다음 내용을 읽고, 밑줄 친 히라가나는 한자(漢字)로, 한자(漢字)는 히라가나로 바꿔서 해답란에 쓰세요.

「カタカナ語(ご)」はがいこくからつたわってきた言葉(ことば)を日本語(にほんご)文字で表(あらわ)したものをいう。たとえばビール、ストライクなどである。擬声語などもカタカナで表(あらわ)すことが多(おお)くある。しかし、最近(さいきん)はちがう用途(ようと)で表(あらわ)すことがある。たとえばケイタイやセンバツなどの日本語(にほんご)をカタカナにしたものは、固有を指(さ)すばあいに用(もち)いられる。携帯(けいたい)は「身(み)につける」意味(いみ)だが、ケイタイだと携帯(けいたい)でんわを指(さ)すことが多(おお)い。センバツだと高校野球(こうこうやきゅう)を連想するが、選抜(せんばつ)は「優れたものを選(えら)ぶ」意味(いみ)である。

해석

'가타카나어'는 외국에서 전해져 온 말을 일본어 문자로 나타낸 것을 말한다. 예를 들면 맥주, 스트라이크 등이다. 의성어 등도 가타카나로 나타내는 일이 많다. 그러나 최근에는 다른 용도로 나타내는 경우가 있다. 예를 들어 'ケイタイ'나 'センバツ' 등의 일본어를 가타카나로 쓰는 것은 고유한 것을 가리키는 경우에 사용된다. '휴대(携帯)'는 '몸에 지닌다'는 의미이지만, 'ケイタイ'라고 하면 휴대전화를 가리키는 경우가 많다. 'センバツ'라고 하면 고교 야구를 연상하지만, '선발(選抜)'은 '뛰어난 사람을 뽑는다'는 의미다.

히라가나 → 한자	한자 → 히라가나
1. がいこく →	6. 文字 →
2. つたわって →	7. 擬声語 →
3. ちがう →	8. 固有 →
4. ばあい →	9. 連想 →
5. でんわ →	10. 優れた →

正解(せいかい) 정답

1. 外国　2. 伝わって　3. 違う　4. 場合　5. 電話
6. もじ　7. ぎせいご　8. こゆう　9. れんそう　10. すぐれた

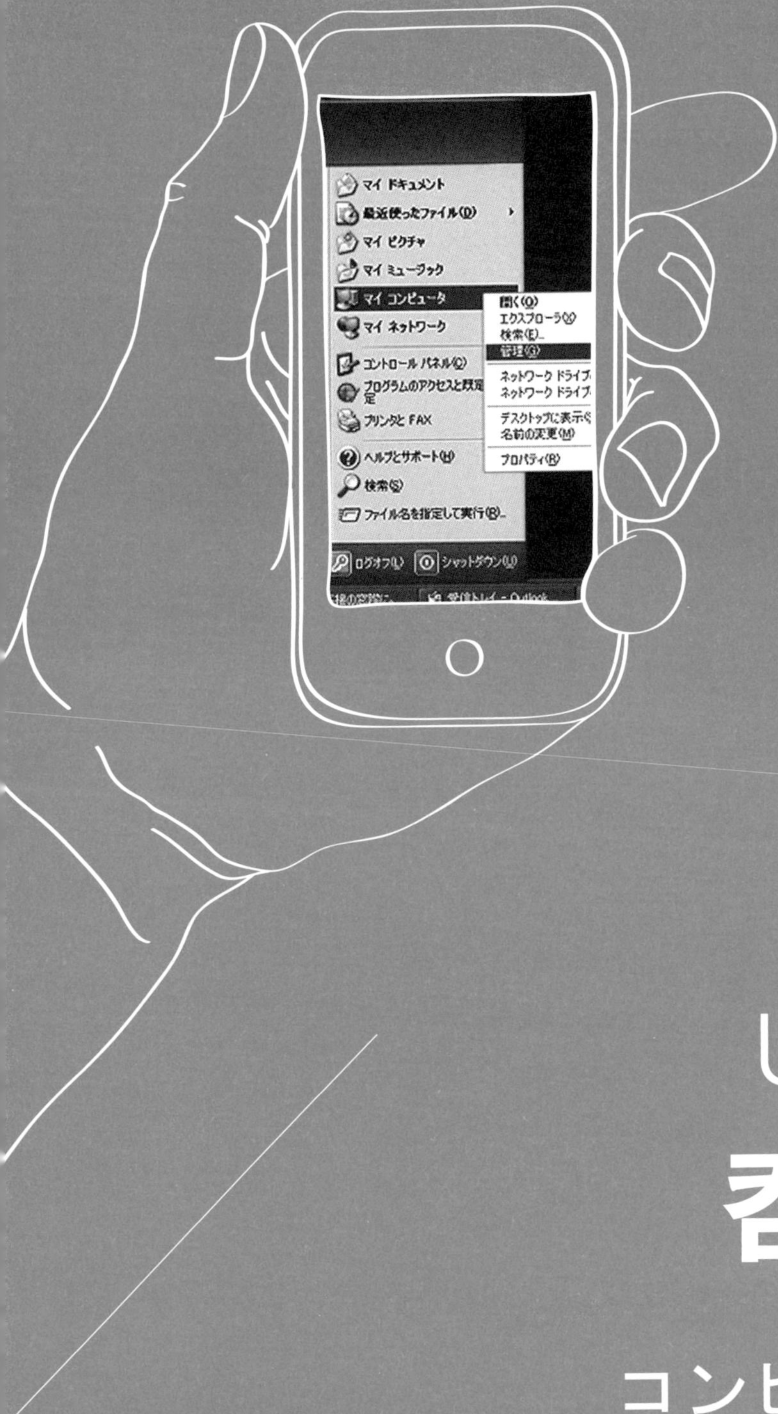

집중 공략 한자
▼
집중 공략 한자 TEST
▼
한자 읽기 법칙
▼
미니 지식

UNIT 11
컴퓨터
コンピューター

컴퓨터 1　コンピューター 1

新規作成しんきさくせい	신규 작성, 새 글
迷惑めいわくメール	스팸 메일
検索けんさく	검색
上書うわがき	덮어쓰기
下書したがき	임시보관함
保存ほぞん	저장
一斉配信いっせいはいしん	일제히 전송
圧縮あっしゅく	압축
印刷いんさつ	인쇄
出力しゅつりょく	출력
絵文字えもじ	그림 문자
顔文字かおもじ	이모티콘(emoticon)
大文字だいもじ	대문자
小文字こもじ	소문자
ローマ字じ	로마자
太字ふとじ	굵은 글자
置換おきかえ	변경

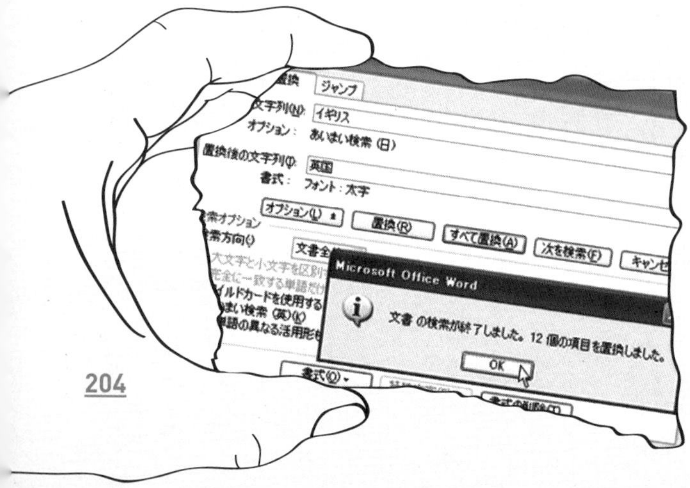

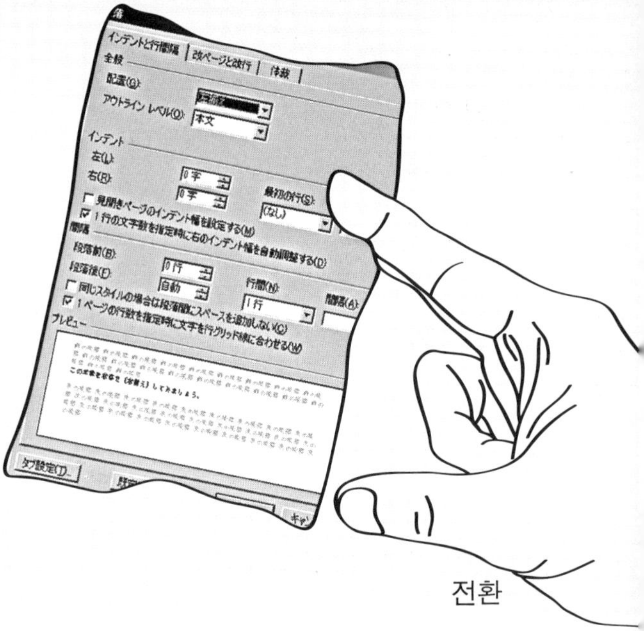

切替きりかえ	전환
幅はば	폭
表ひょう	표
改行かいぎょう	줄 바꾸기
中央揃ちゅうおうそろえ	가운데 정렬
右揃みぎそろえ	오른쪽 정렬
左揃ひだりそろえ	왼쪽 정렬
書体しょたい	서체
倍率ばいりつ	글자 크기
拡大かくだい	확대
縮小しゅくしょう	축소
拡張子かくちょうし	확장자
下線かせん	밑줄
罫線けいせん	괘선, 글씨를 가지런히 쓰기 위해 종이에 친 줄
整列せいれつ	정렬
分割ぶんかつ	분할
図形ずけい	도형
フォルダーに移動いどう	폴더로 이동

挿入そうにゅう	삽입
開ひらく	열림(본디 '열리다')
閉とじる	닫기(본디 '닫다')
戻もどる	되돌아가기(본디 '되돌아가다')
編集へんしゅう	편집
変更へんこう	변경
変換へんかん	변환
ページ設定せってい	페이지 설정
削除さくじょ	삭제

컴퓨터 2 コンピューター 2

共有きょうゆうドキュメント	공유 서류
既存きそんのファイル	기존 파일
ごみ箱ばこ	쓰레기통
画質がしつ	화질
画面がめん	화면
画像がぞう	화상
壁紙かべがみ	배경 화면
時計表示とけいひょうじ	시계 표시
午前ごぜん	오전
午後ごご	오후
液晶えきしょう	액정
機種きしゅ	기종

자주 공략 한자: 質, 像, 後

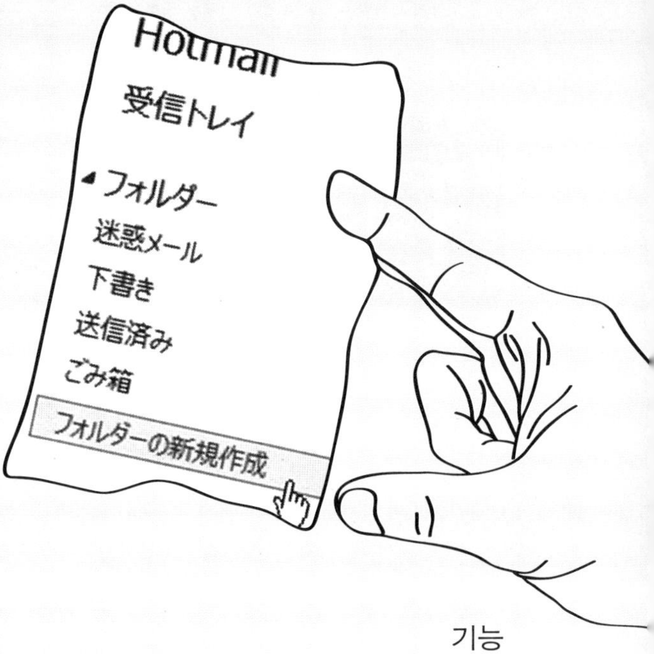

機能きのう	기능
仕様しよう	사양
ネットワーク管理者かんりしゃ	네트워크 관리자
(再さい)起動きどう	(재)부팅
終了しゅうりょう	종료
納品のうひん	납품

집중 공략 한자 納

11 집중 공략 한자

一

음 : イチ　イツ

훈 : ひと　ひとつ

一番いちばん	가장, 제일
一日いちにち	하루
→ 一日中いちにちじゅう	하루 종일
一回いっかい	한 번
一方いっぽう	한편
•• 唯一ゆいいつ	유일
• 一通ひととおり	대충
• 一晩中ひとばんじゅう	밤새도록
一ひとつ	한 개
특) 一人ひとり	한 사람
一日ついたち	1일

質

음 : シツ　シチ

훈 : -

質問しつもん	질문
本質ほんしつ	본질
• 質素しっそ	검소
• 質屋しちや	전당포
• 人質ひとじち	인질
특) 気質かたぎ	기질

像

음 : ゾウ

훈 : -

• 形像けいぞう	형상
• 肖像しょうぞう	초상
• 現像げんぞう	(사진) 현상
• 想像そうぞう	상상

Tip) 象ぞう	코끼리
印象いんしょう	인상
対象たいしょう	대상
現象げんしょう	현상

後

음 : ゴ　コウ

훈 : うしろ　あと　のち　おくれる

	最後さいご	마지막
	以後いご	이후
•	後悔こうかい	후회
•	後半こうはん	후반
	後うしろ	뒤
	後あと	나중
•	後のちの世よ	장래, 후세
	後おくれる	늦다

納

음 : ノウ　ナツ　トウ　ナ

훈 : おさめる

•	納税のうぜい	납세
•	結納ゆいのう	약혼 예물
•	納得なっとく	납득
••	出納すいとう	출납
••	納屋なや	헛간
•	納おさめる	(세금 등을) 내다

メモ

11 집중 공략 한자 TEST

I. 次の下線をつけた言葉はどのように読みますか。(A)から(D)の中で一つ選んでください。

1. 国民として税金を<u>納める</u>。
(A) しめる　(B) おさめる　(C) すすめる　(D) ながめる

2. 吉田さんが不合格するとは<u>想像</u>もつかなかった。
(A) そうぞう　(B) そうそう
(C) そうじょう　(D) そうしょう

3. 7人の<u>人質</u>は無事に救出された。
(A) ひとじち　(B) ひとしつ　(C) にんしつ　(D) じんしつ

4. <u>一晩中</u>、息子の部屋の電気がつけてありました。
(A) いちばんちゅう　(B) ひとばんちゅう
(C) いちばんじゅう　(D) ひとばんじゅう

5. 今さら<u>後悔</u>しても仕方がありません。
(A) ごかい　(B) ごうかい　(C) こうかい　(D) こっかい

Ⅱ. 次の下線をつけた言葉はどのような漢字を書きますか。(A)から(D)の中で一つ選んでください。

6. 彼はその使命をさいごまでやりとげた。

(A) 最後　(B) 最高　(C) 際後　(D) 際高

7. 情報を集めることでなっとくがいく買い物ができる。

(A) 税得　(B) 納得　(C) 税特　(D) 納特

8. 消費者に幸せをもたらすことこそ商売のほんしつだ。

(A) 本室　(B) 本失　(C) 本質　(D) 本実

9. サラリーマンをたいしょうにしてアンケート調査をした。

(A) 対像　(B) 対象　(C) 大賞　(D) 対照

10. 人間は笑うことのできるゆいいつの動物だ。

(A) 結一　(B) 唯日　(C) 結日　(D) 唯一

해석 및 정답

해석

1. 国民として税金を<u>納める</u>。

국민으로서 세금을 <u>납부하다</u>.

어휘 国民こくみん 국민 税金ぜいきん 세금 納おさめる 납부하다, 넣다

정답 (B)

2. 吉田さんが不合格するとは<u>想像</u>もつかなかった。

요시다 씨가 불합격하리라고는 <u>상상</u>도 할 수 없었다.

어휘 不合格ふごうかく 불합격 想像そうぞう 상상

정답 (A)

3. 7人の<u>人質</u>は無事に救出された。

일곱 명의 <u>인질</u>은 무사히 구출되었다.

어휘 人質ひとじち 인질 無事ぶじに 무사히 救出きゅうしゅつ 구출

정답 (A)

4. <u>一晩中</u>、息子の部屋の電気がつけてありました。

<u>밤새도록</u> 아들의 방 불이 켜져 있었습니다.

어휘 一晩中ひとばんじゅう 밤새도록 息子むすこ 아들 部屋へや 방 電気でんき 전기, 전등

정답 (D)

5. 今さら<u>後悔</u>しても仕方がありません。

이제 와서 <u>후회</u>해도 어쩔 수 없습니다.

어휘 今いまさら 이제 와서 後悔こうかい 후회 仕方しかたがありません 어쩔 수 없습니다

정답 (C)

해석

6. 彼はその使命をさいごまでやりとげた。

그는 그 사명을 마지막까지 완수했다.

어휘 彼かれ 그, 남자친구 使命しめい 사명 最後さいご 마지막, 최후
やりとげる 끝까지 해내다

정답 (A)

7. 情報を集めることでなっとくがいく買い物ができる。

정보를 모으는 것으로 납득이 가는 쇼핑을 할 수 있다.

어휘 情報じょうほう 정보 集あつめる 모으다 納得なっとく 납득 買かい物もの 쇼핑

정답 (B)

8. 消費者に幸せをもたらすことこそ商売のほんしつだ。

소비자에게 행복을 가져다주는 것이야말로 장사의 본질이다.

어휘 消費者しょうひしゃ 소비자 幸しあわせ 행복 もたらす 가져오다, 초래하다
商売しょうばい 장사 本質ほんしつ 본질

정답 (C)

9. サラリーマンをたいしょうにしてアンケート調査をした。

샐러리맨을 대상으로 해서 앙케트 조사를 했다.

어휘 対象たいしょう 대상 調査ちょうさ 조사

정답 (B)

10. 人間は笑うことのできるゆいいつの動物だ。

인간은 웃을 수 있는 유일한 동물이다.

어휘 人間にんげん 인간 笑わらう 웃다 唯一ゆいいつ 유일 動物どうぶつ 동물

정답 (D)

11 한자 읽기 법칙

과 → カ

果 科 菓 過 課 寡

果

음 : カ

훈 : はてる　はたす

果実かじつ 과실

効果こうか 효과

果はてる 끝나다

果はたす 달성하다

果はたして 과연

특) 果物くだもの 과일

科

음 : カ

훈 : –

科学かがく 과학

教科書きょうかしょ 교과서

外科げか 외과

菓

음 : **カ**

훈 : –

菓子かし 과자

製菓せいか 제과

過

음 : **カ**

훈 : すぎる すごす あやまつ

過程かてい 과정

通過つうか 통과

過すぎる 지나다

過すごす 지내다

過あやまつ 잘못하다, 실수하다

課

음 : **カ**

훈 : –

課長かちょう 과장

日課にっか 일과

寡

음 : **カ**

훈 : –

寡黙かもく 과묵

多寡たか 많고 적음

예외) 과 → コ

誇

음 : コ
훈 : ほこる

- 誇張こちょう 과장
- 誇示こじ 과시
- 誇ほこる 자랑하다

근 → キン

近 勤 筋 謹 斤

近

음 : キン
훈 : ちかい

- 近所きんじょ 근처
- 接近せっきん 접근
- 近ちかい 가깝다

勤

음 : **キン**
훈 : つとめる

勤務きんむ 근무
出勤しゅっきん 출근
勤つと**める** 근무하다

筋

음 : **キン**
훈 : すじ

筋肉きんにく 근육
鉄筋てっきん 철근
筋すじ 힘줄, 줄거리

謹

음 : **キン**
훈 : つつしむ

謹厳きんげん 근엄
謹慎きんしん 근신
慎つつし**む** 삼가다

斤

음 : **キン**
훈 : –

斤量きんりょう 근량
一斤いっきん 한 근

예외) 근 → **コン**

根

음 : **コン**
훈 : ね

根拠こんきょ 근거
根気こんき 끈기
根ね 뿌리
屋根やね 지붕

MEMO

メモ

미니 지식

まめちしき 豆知識

✲ 밑줄 친 한자(漢字)의 읽는 방법(読み方)을 해답란에 쓰세요.

	이런 말 있을까요?	일본 사람은 이렇게 말해요
재수 / 삼수	(×) 再修 / 三修	(O) 一浪 / 二浪
생각나다	(×) 考え出る	(O) 思い出す
내성적인 성격	(×) 内省的な性格	(O) 内気な性格
장단점	(×) 長短點	(O) 一長一短
입장 바꿔 생각하다	(×) 立場を変えて考える	(O) 相手の立場で考える
아이러니하게도	(×) アイロニなことに	(O) 皮肉なことに
첫차	(×) 初めの車	(O) 始発
막차	(×) 最後の車	(O) 終電

한자 → 읽는 방법

1. 一浪 / 二浪 →
2. 思い出す →
3. 内気な →
4. 一長一短 →
5. 相手の立場 →
6. 皮肉な →
7. 始発 →
8. 終電 →

正解(せいかい) 정답

1. いちろう / にろう 2. おもいだす 3. うちきな 4. いっちょういったん
5. あいてのたちば 6. ひにくな 7. しはつ 8. しゅうでん

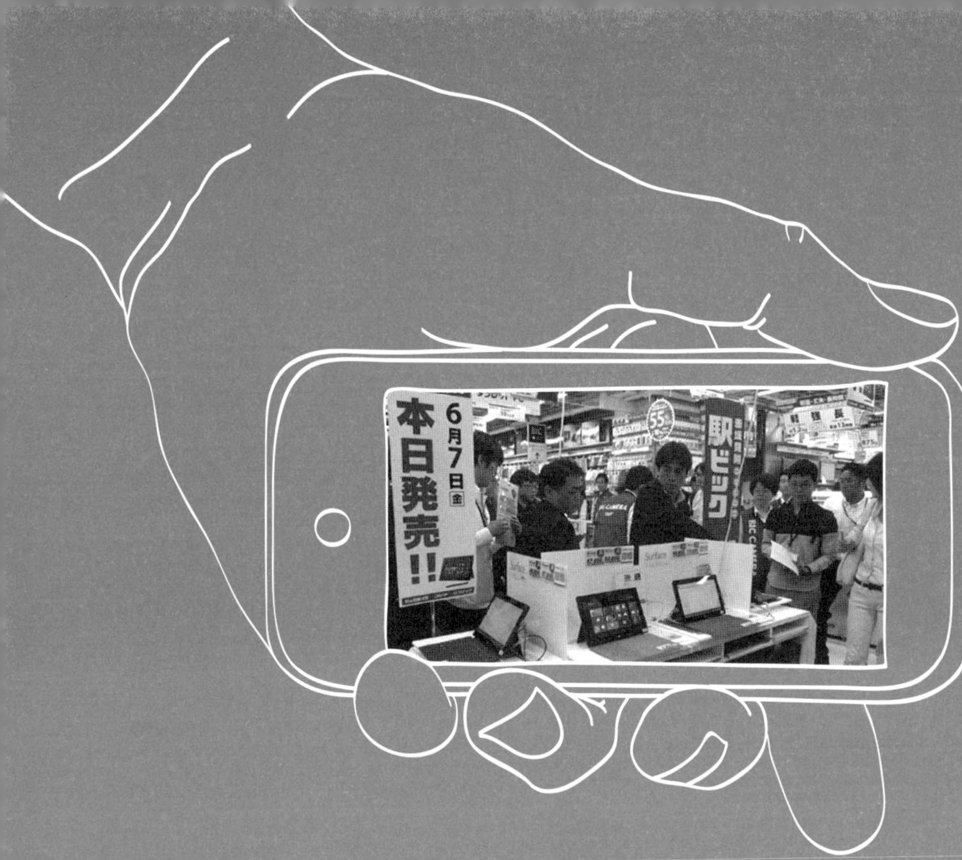

UNIT 12
전기 제품

電化製品でんかせいひん

인터넷 | インターネット

件名けんめい	제목
お気きに入いり	즐겨찾기
有料ゆうりょうサイト	유료 사이트
差出人さしだしにん	보내는 사람
宛先あてさき	받는 사람
受信じゅしん	수신
返信へんしん	답장
アドレス帳ちょう	주소록
添付てんぷファイル	첨부 파일

휴대전화 | 携帯電話けいたいでんわ

電源でんげん	전원
電池でんち	전지
残量ざんりょう	잔량
通話中つうわちゅう	통화 중
充電中じゅうでんちゅう	충전 중
電波状況でんぱじょうきょう	전파 상황
撮影さつえい	촬영
着ちゃくメロ → 着信ちゃくしんメロディ	착신 멜로디

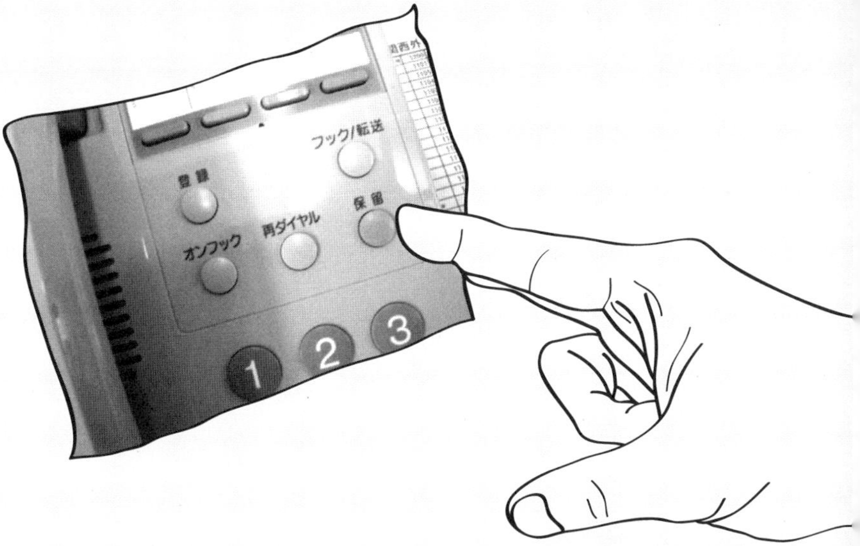

着信履歴ちゃくしんりれき	착신 이력
不在着信ふざいちゃくしん	부재중 전화
送信済そうしんずみ	송신 완료
写しゃメール	사진 메일
待まち受うけ画面がめん	대기 화면
マナーモード解除かいじょ	매너모드 해제
電話帳でんわちょう	전화번호부
動画どうが	동영상
端末たんまつ	단말(기)

가전제품 관련 家電関連かでんかんれん

乾燥機かんそうき	건조기
空気清浄器くうきせいじょうき	공기 청정기
浄水器じょうすいき	정수기

食器洗浄器しょっきせんじょうき	식기 세척기
炊飯器すいはんき	전기 밥솥
精米機せいまいき	정미기
洗濯機せんたくき	세탁기
扇風機せんぷうき	선풍기
強きょう	강
弱じゃく	약
掃除機そうじき	청소기
冷蔵庫れいぞうこ	냉장고
冷凍庫れいとうこ	냉동고
暖房器具だんぼうきぐ	난방 기구
ＡＶ器機きき	오디오&비디오 기기
薄型うすがたテレビ	슬림형 TV
液晶えきしょうテレビ	액정 TV
加湿器かしつき	가습기
家庭用かていよう	가정용

자주 공략 한자 強

자주 공략 한자 家

業務用ぎょうむよう 업무용

自動運転じどううんてん 자동 운전

一時停止いちじていし 일시 정지

機能搭載きのうとうさい 기능 탑재

집중 공략 한자 省

省しょうエネ 에너지 절약

消費電力しょうひでんりょく 소비 전력

警告けいこく 경고

집중 공략 한자 説

センサー内蔵ないぞう 센서 내장

取とり扱あつかい説明書せつめいしょ 취급 설명서

집중 공략 한자 売

本日発売ほんじつはつばい 금일(오늘) 발매

売うり切きれ 품절

12 집중 공략 한자

強

음 : キョウ　ゴウ

훈 : つよい　つよまる　つよめる　しいる

	強調きょうちょう	강조
	強力きょうりょく	강력
•	強引ごういん	억지로 함
•	強盗ごうとう	강도
•	強情ごうじょう	고집, 고집이 셈
	強つよい	강하다
	強つよまる	강해지다
	強つよめる	강하게 하다
•	強しいる	강요하다

집중 공략 한자 ▶ 집중 공략 한자 TEST ▶ 한자 읽기 법칙 ▶ 미니 지식

家

음 : カ　ケ　ヤ

훈 : いえ　うち

	家族かぞく	가족
	作家さっか	작가
•	家来けらい	부하
•	出家しゅっけ	출가
•	家賃やちん	집세
•	空家あきや	빈집
•	大家おおや	셋집 주인
	家いえ / 家うち	집
•	家出いえで	가출

省

음 : ショウ　セイ

훈 : はぶく　かえりみる

•	省しょうエネ	에너지 절약
•	省略しょうりゃく	생략
•	反省はんせい	반성
•	帰省きせい	귀성
•	省はぶく	생략하다, 없애다
•	省かえりみる	반성하다

説

음 : セツ　　ゼイ

훈 : とく

	説明せつめい	설명
	説得せっとく	설득
	小説しょうせつ	소설
●	演説えんぜつ	연설
●●	遊説ゆうぜい	유세
●	説とく	설명하다, 설득하다

売

음 : バイ

훈 : うる

●	売買ばいばい	매매
	販売はんばい	판매
	売うる	팔다
	売うれる	팔리다
●	売うり上あげ	매상
●	売うり切きれ	매진, 품절
	売うり場ば	매장
●	卸売おろしうり	도매

MEMO

メモ

12 집중 공략 한자 TEST

I. 次の下線をつけた言葉はどのように読みますか。(A)から(D)の中で一つ選んでください。

1. 最近の化粧品の<u>売上</u>高は3年連続で減少した。
   (A) ばいうえ　(B) うりじょう　(C) うりあげ　(D) ばいあがり

2. 政治家が<u>遊説</u>している間、こっそりぬけだしお茶を飲みに行った。
   (A) ゆうぜい　(B) ゆうせつ　(C) ゆぜつ　(D) ゆうせい

3. そんなことは、はじめから明らかで、今さら<u>強調</u>する必要もない。
   (A) ごうちょう　(B) きょうじょう
   (C) ごうじょう　(D) きょうちょう

4. 5年前に<u>家出</u>をした息子の帰りを首を長くして待っている。
   (A) かしゅつ　(B) いえで　(C) かで　(D) うちしゅつ

5. ホームシックで、休みになるとすぐに<u>帰省</u>した。
   (A) ぎせい　(B) きせい　(C) ぎしょう　(D) きしょう

Ⅱ. 次の下線をつけた言葉はどのような漢字を書きますか。(A)から(D)の中で一つ選んでください。

6. マスクをしたごうとうがコンビニに押し入った。

(A) 講堂　(B) 講盗　(C) 強盗　(D) 強堂

7. 彼女は彼とばいばい契約をした。

(A) 売買　(B) 買売　(C) 売倍　(D) 買倍

8. しょうエネ法の改正法が今年8月に公布され、いよいよ来年より施行されます。

(A) 商　(B) 政　(C) 成　(D) 省

9. おおやさんが不在だったので、柿とメモを置いて来た。

(A) 大屋　(B) 大家　(C) 太屋　(D) 太家

10. 父親をせっとくして新しい車を買ってもらうつもりです。

(A) 説得　(B) 説特　(C) 設得　(D) 設特

해석 및 정답

해석

1. 最近の化粧品の売上高は3年連続で減少した。

최근 화장품 매상고는 3년 연속으로 감소했다.

어휘 最近さいきん 최근　化粧品けしょうひん 화장품　売上高うりあげだか 매상고, 판매액　連続れんぞく 연속　減少げんしょう 감소

정답 (C)

2. 政治家が遊説している間、こっそりぬけだしお茶を飲みに行った。

정치가가 유세하고 있는 동안, 살짝 빠져나와 차를 마시러 갔다.

어휘 政治家せいじか 정치가　遊説ゆうぜい 유세　～間あいだ ～동안　お茶ちゃ 차

정답 (A)

3. そんなことは、はじめから明らかで、今さら強調する必要もない。

그런 것은 처음부터 분명해서, 이제 와서 강조할 필요도 없다.

어휘 明あきらかだ 분명함, 명백함　強調きょうちょう 강조　必要ひつよう 필요

정답 (D)

4. 5年前に家出をした息子の帰りを首を長くして待っている。

5년 전에 가출한 아들이 돌아오기를 애타게 기다리고 있다.

어휘 家出いえで 가출　息子むすこ 아들　帰かえり 돌아옴, 돌아감　首くびを長ながくする 애타게 기다리는 모양　待まつ 기다리다

정답 (B)

5. ホームシックで、休みになるとすぐに帰省した。

향수병 때문에 휴일이 되면 바로 귀성했다.

어휘 休やすみ 휴일, 방학　帰省きせい 귀성, 귀향

정답 (B)

해석

6. マスクをしたごうとうがコンビニに押し入った。

마스크를 한 강도가 편의점에 침입했다.

어휘 強盗ごうとう 강도　押おし入いる 침입하다

정답 (C)

7. 彼女は彼とばいばい契約をした。

그녀는 그와 매매 계약을 했다.

어휘 彼女かのじょ 그녀, 여자친구　彼かれ 그, 남자친구　売買ばいばい 매매　契約けいやく 계약

정답 (A)

8. しょうエネ法の改正法が今年8月に公布され、いよいよ来年より施行されます。

에너지 절약법의 개정법이 올해 8월에 공포되어, 드디어 내년부터 시행됩니다.

어휘 省しょうエネ 에너지 절약　改正法かいせいほう 개정법　今年ことし 올해　公布こうふ 공포, 일반에게 널리 알림　来年らいねん 내년　施行しこう 시행

정답 (D)

9. おおやさんが不在だったので、柿とメモを置いて来た。

셋집 주인이 집에 없어서, 감과 메모를 두고 왔다.

어휘 大家おおや 셋집 주인　不在ふざい 부재, 그곳에 없음　柿かき 감　置おく 놓다, 두다

정답 (B)

10. 父親をせっとくして新しい車を買ってもらうつもりです。

아버지를 설득해서 새로운 자동차를 사 달라고 할 예정입니다.

어휘 父親ちちおや 아버지　説得せっとく 설득　新あたらしい 새롭다　車くるま 자동차　買かう 사다

정답 (A)

12 한자 읽기 법칙

령 → レイ

令 零 霊 齢 鈴

令

음 : **レイ**
훈 : -

令状れいじょう 영장
命令めいれい 명령

零

음 : **レイ**
훈 : -

零下れいか 영하
零点れいてん 영점

霊

음 : **レイ**
훈 : たま

霊感れいかん 영감
幽霊ゆうれい 유령
霊たま 영혼
특) **悪霊**あくりょう 악령
死霊しりょう 귀신

齢

음 : レイ

훈 : –

年齢ねんれい 연령

高齢こうれい 고령

鈴

음 : レイ

훈 : すず

予鈴よれい 예비 종

電鈴でんれい 벨(bell)

鈴すず 방울

특) **風鈴**ふうりん 풍경

예외) 령 → リョウ

領

음 : リョウ

훈 : –

領土りょうど 영토

大統領だいとうりょう 대통령

태 → タイ

太 態 怠 泰 胎

太

음 : **タイ**

훈 : ふとい　ふとる

太陽たいよう 태양

皇太子こうたいし 황태자

太ふと**い** 굵다

太ふと**る** 살찌다

특) **丸太**まるた 통나무

太刀たち 칼

態

음 : **タイ**

훈 : –

態度たいど 태도

状態じょうたい 상태

怠

음 : タイ
훈 : なまける おこたる

怠慢たいまん 태만
怠業たいぎょう 태업
怠なまける 게으름 피우다
怠おこたる 게을리하다

泰

음 : タイ
훈 : –

泰然たいぜん 태연
安泰あんたい 무사함

胎

음 : タイ
훈 : –

胎動たいどう 태동
母胎ぼたい 모태

예외) 태 → ダ

駄

음 : ダ
훈 : –

無駄むだ 쓸데없음

미니 지식

豆知識(まめちしき)

✲ 다음 내용을 읽고, 밑줄 친 히라가나는 한자(漢字)로, 한자(漢字)는 히라가나로 바꿔서 해답란에 쓰세요.

同じ<u>距離</u>を電車に乗って通勤していても、電車に乗っている時間を、<u>ながい</u>と感じる時と、「あれっ、もう着いたのか」と思うほど<u>みじかく</u>感じる時とがある。

では、その差はどこにあるのだろうか。<u>ひとこと</u>で言うなら、「何かに<u>夢中</u>になっているかいないか」ではないか。雑誌や本を一生懸命になって読んでいたり、考えごとに<u>没入</u>しているような時には、時間はあっという間に<u>すぎて</u>しまう。ところが<u>手持ち無沙汰</u>で何もすることもなく考えることもないような時には、いつまで経っても目的地に着かないような気がする。だから、サラリーマンがスポーツ<u>しんぶん</u>などを読むのも、ながい通勤時間を、少しでもみじかくしようという<u>知恵</u>の一つだということもできる。

해석

같은 거리를 전철을 타고 통근해도, 전철을 타고 있는 시간을 길다고 느낄 때와 '어라, 벌써 도착했나?'라고 생각할 정도로 짧게 느낄 때가 있다.

그러면, 그 차이는 어디에 있는 것일까? 한마디로 말하자면, '무언가에 열중하고 있는지 아닌지'가 아닐까? 잡지나 책을 열심히 읽고 있거나, 이런 저런 생각에 몰입하고 있을 때 시간은 눈 깜짝할 사이에 지나가 버린다. 하지만 따분하게 아무것도 하는 것 없고 생각하는 것도 없을 땐 한참이 지나도 목적지에 도착하지 않는 것 같은 느낌이 든다. 그래서 샐러리맨이 스포츠 신문 등을 읽는 것도 긴 통근 시간을 조금이라도 짧게 하고자 하는 지혜의 하나라고 할 수도 있다.

히라가나 → 한자	한자 → 히라가나
1. ながい →	6. 距離 →
2. みじかく →	7. 夢中 →
3. ひとこと →	8. 没入 →
4. すぎて →	9. 手持ち無沙汰 →
5. しんぶん →	10. 知恵 →

正解(せいかい) 정답

1. 長い	2. 短く	3. 一言	4. 過ぎて	5. 新聞
6. きょり	7. むちゅう	8. ぼつにゅう	9. てもちぶさた	10. ちえ

집중 공략 한자

▼

집중 공략 한자 TEST

▼

한자 읽기 법칙

▼

미니 지식

UNIT 13
금융기관

金融機関きんゆうきかん

은행 | 銀行ぎんこう

口座開設こうざかいせつ	계좌 개설
口座変更こうざへんこう	계좌 변경
新規口座しんきこうざ	신규 계좌
普通口座ふつうこうざ	보통 계좌
取引とりひき	거래
印鑑いんかん	인감
署名しょめい	서명
身分証明書みぶんしょうめいしょ	신분증명서
預入あずけいれ	예금
貯金ちょきん	저금
積立貯金つみたてちょきん	적립 저금
定額貯金ていがくちょきん	정액 저금
定期貯金ていきちょきん	정기 저금
通帳つうちょう	통장
暗証番号あんしょうばんごう	비밀번호

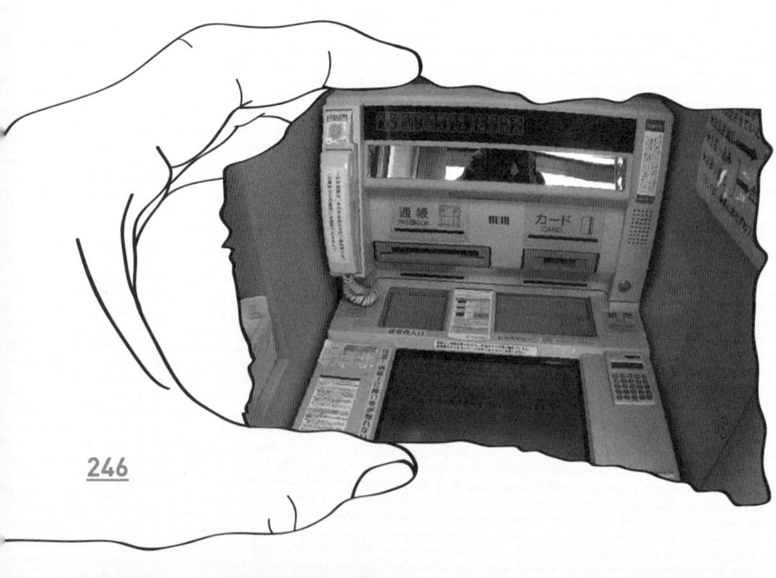

手数料てすうりょう	수수료
金利きんり	금리
利子りし	이자
返済期間へんさいきかん	상환 기간
税金ぜいきん	세금
送金そうきん	송금
外貨がいか	외화
硬貨こうか	동전
札さつ	지폐
新札しんさつ	새 지폐
小銭こぜに	잔돈
小切手こぎって	수표
為替かわせレート	환율
換算かんさんレート	환산율
住宅じゅうたくローン	주택 자금 대출
残高証明書ざんだかしょうめいしょ	잔액증명서
開放厳禁かいほうげんきん	개방 엄금
相談窓口そうだんまどぐち	상담 창구
紛失ふんしつ	분실
株かぶ	주식
投資信託とうししんたく	투자 신탁
休業日きゅうぎょうび	휴업일

현금 자동 입출금기 ATM

現金自動預げんきんじどうあずけ払ばらい機き	현금 자동 입출금기(ATM)
画面がめん	화면
現金げんきん	현금
振ふり込こみ	송금, 납부
引ひき出だし	인출
中止ちゅうし	중지
残高ざんだか	잔액
残高照会ざんだかしょうかい	잔액 조회
防犯ぼうはんカメラ	방범 카메라
作動中さどうちゅう	작동 중

13 집중 공략 한자

新

음 : シン　ニイ
훈 : あたらしい　あらた

●	新規しんき	신규
	新聞しんぶん	신문
●	更新こうしん	갱신
●●	新妻にいづま	새 신부, 새댁
	新あたらしい	새롭다
●	新あらたな	새로운

取

음 : シュ
훈 : とる

	取材しゅざい	취재
●	摂取せっしゅ	섭취
●	取とり替かえる	교환하다
●	取とり組くむ	맞붙다, 몰두하다
●	取とり寄よせる	가까이 끌어당기다, (주문해) 가져오게 하다
●	受取人うけとりにん	받는 사람
●	取とり消けす	취소하다

間

음 : カン　ケン

훈 : あいだ　ま

- 間隔かんかく　간격
  空間くうかん　공간
- 世間せけん　세상, 사회
- 人間にんげん　인간
  間あいだ　~동안(에)
- 間柄あいだがら　관계, 사이
- 仲間なかま　동료
  → 仲間外なかまはずれ　따돌림, 외톨이

相

음 : ソウ　ショウ

훈 : あい

- 相場そうば　시세
  相談そうだん　상담
- 首相しゅしょう　수상
  相手あいて　상대
- 相次あいつぐ　계속되다, 이어지다

日

음 : ニチ　　ジツ

훈 : ひ

日曜日にちようび	일요일
日用品にちようひん	일용품
日程にってい	일정
● 翌日よくじつ	이튿날
日ひ	하루, 날, 태양
●● 日向ひなた	양지
● 日和ひより	날씨
誕生日たんじょうび	생일
● 生年月日せいねんがっぴ	생년월일
특) 日本語にほんご	일본어
昨日きのう	어제
今日きょう	오늘
明日あす, あした	내일
大晦日おおみそか	섣달 그믐날

13 집중 공략 한자 TEST

I. 次の下線をつけた言葉はどのように読みますか。(A)から(D)の中で一つ選んでください。

1. ここに受取人の名前を書いてください。

(A) じゅしゅにん　(B) じゅしゅじん
(C) うけとりにん　(D) うけとりじん

2. 彼女は記憶を新たにするためにその写真を見た。

(A) あらたに　(B) しんたに
(C) あたらたに　(D) しいたに

3. 今日の円相場はどうですか?

(A) えんそば　(B) えんそうば
(C) えんしょじょう　(D) えんしょうじょう

4. 何かしようと思えば、それが気に入らないという人たちもいるというのが世間です。

(A) せいかん　(B) ようかん　(C) よけん　(D) せけん

5. この用紙にお名前と生年月日を書いてください。

(A) せいねんつきひ (B) せいねんがっぴ

(C) せいねんがつび (D) せいねんがつひ

Ⅱ. 次の下線をつけた言葉はどのような漢字を書きますか。(A)から(D)の中で一つ選んでください。

6. 会議は悪天候のため、よくじつに延期された。

(A) 翌月 (B) 翌実 (C) 翌日 (D) 翌白

7. 昨日、国会でしゅしょうが倒れた。

(A) 首相 (B) 主将 (C) 首将 (D) 主相

8. 先生が講演しているあいだに、大きな地震があった。

(A) 門 (B) 問 (C) 間 (D) 聞

9. 彼女はプロ野球のしゅざいを担当している。

(A) 主材 (B) 主財 (C) 取財 (D) 取材

10. 彼のしんき事業はうまく行っている。

(A) 新期 (B) 親規 (C) 新規 (D) 親期

해석 및 정답

해석

1. ここに受取人の名前を書いてください。

여기에 수취인의 이름을 써주세요.

어휘 受取人うけとりにん 수취인 名前なまえ 이름 書かく 쓰다 정답 (C)

2. 彼女は記憶を新たにするためにその写真を見た。

그녀는 기억을 새롭게 하기 위해서 그 사진을 봤다.

어휘 記憶きおく 기억 新あらただ 새롭다 写真しゃしん 사진 정답 (A)

3. 今日の円相場はどうですか?

오늘의 엔 시세는 어떻습니까?

어휘 今日きょう 오늘 円えん 엔 相場そうば 시세 정답 (B)

4. 何かしようと思えば、それが気に入らないという人たちもいるというのが世間です。

무언가 하려고 생각하면, 그것이 마음에 들지 않는다고 하는 사람들도 있는 것이 세상입니다.

어휘 気きに入いらない 마음에 들지 않는다 人ひとたち 사람들 世間せけん 세상, 사회

정답 (D)

5. この用紙にお名前と生年月日を書いてください。

이 용지에 성함과 생년월일을 써주세요.

어휘 用紙ようし 용지 生年月日せいねんがっぴ 생년월일 정답 (B)

해석

6. 会議は悪天候のため、よくじつに延期された。

회의는 악천후 때문에 다음 날로 연기되었다.

어휘 会議かいぎ 회의 悪天候あくてんこう 악천후 翌日よくじつ 다음날 延期えんき 연기

정답 (C)

7. 昨日、国会でしゅしょうが倒れた。

어제 국회에서 수상이 쓰러졌다.

어휘 昨日きのう 어제 国会こっかい 국회 首相しゅしょう 수상 倒たおれる 쓰러지다

정답 (A)

8. 先生が講演しているあいだに、大きな地震があった。

선생님이 강연하고 있는 동안에 큰 지진이 있었다.

어휘 講演こうえん 강연 間あいだ 동안 大おおきな 큰 地震じしん 지진

정답 (C)

9. 彼女はプロ野球のしゅざいを担当している。

그녀는 프로야구 취재를 담당하고 있다.

어휘 野球やきゅう 야구 取材しゅざい 취재 担当たんとう 담당

정답 (D)

10. 彼のしんき事業はうまく行っている。

그의 신규 사업은 잘 되어가고 있다.

어휘 新規しんき 신규 事業じぎょう 사업 うまく行いく 잘 되어가다

정답 (C)

13 한자 읽기 법칙

하 → カ

下 何 河 荷 夏

下

음 : **カ**

훈 : した さげる

1과 집중 공략 한자

下流かりゅう 하류

地下鉄ちかてつ 지하철

下した 아래

下さげる 내리다

何

음 : **カ**

훈 : なん なに

幾何学きかがく 기하학

何本なんぼん 몇 개

何者なにもの 누구, 어떤 사람

河

음 : **カ**

훈 : かわ

河川かせん 하천

河口かこう 하구

河かわ 강

※ **運河**うんが 운하

특) **河岸**かし 강가

河原かわら 강변

荷

음 : **カ**

훈 : に

荷重かじゅう 하중

入荷にゅうか 입하

荷物にもつ 짐

夏

음 : **カ**

훈 : なつ

夏期かき 하기

初夏しょか 초여름

夏なつ 여름

특) **夏至**げし 하지

예외) 하 → ガ

賀

음 : ガ
훈 : -

年賀状ねんがじょう 연하장
祝賀しゅくが 축하

반 → ハン

反 半 伴 飯 般 搬 班

反

음 : ハン
훈 : そる そらす

反省はんせい 반성
違反いはん 위반
反そる 휘다
反そらす (뒤로) 젖히다
특) 謀反むほん 모반

半

음 : ハン
훈 : なかば

半分はんぶん 절반
後半こうはん 후반
半なか**ば** 절반

伴

음 : ハン
훈 : ともなう

伴侶はんりょ 반려
同伴どうはん 동반
伴ともな**う** 동반하다
특) **伴奏**ばんそう 반주

飯

음 : ハン
훈 : めし

ご飯はん 밥
炊飯すいはん 밥을 지음
飯めし 밥

般

음 : ハン
훈 : -

諸般しょはん 제반

※ パン → 一般いっぱん 일반

搬

음 : ハン
훈 : -

搬出はんしゅつ 반출

※ パン → 運搬うんぱん 운반

班

음 : ハン
훈 : -

班長はんちょう 반장

예외) 반 → バン ヘン

盤

음 : バン

훈 : –

地盤じばん 지반

基盤きばん 기반

返

음 : ヘン

훈 : かえす

返事へんじ 대답, 답장

返却へんきゃく 반환

返かえ**す** 되돌려주다

미니 지식

まめちしき 豆知識

✲ 밑줄 친 한자(漢字)의 읽는 방법(読み方)을 해답란에 쓰세요.

	이런 말 있을까요?	일본 사람은 이렇게 말해요
참가	(×) 参席	(O) 参加
화투	(×) 花鬪	(O) 花札
입이 무겁다	(×) 口が重い	(O) 口が堅い
일회용 카메라	(×) 一回用カメラ	(O) 使い捨てカメラ
유통기한	(×) 流通期限	(O) 賞味期限
대체 휴일	(×) 代替休日	(O) 振替休日
성묘	(×) 省墓	(O) 墓参り
노래자랑	(×) 歌自慢	(O) のど自慢

집중 공략 한자 ▶ 집중 공략 한자 TEST ▶ 한자 읽기 법칙 ▶ 미니 지식

한자 → 읽는 방법
1. 参加 →
2. 花札 →
3. 口が堅い →
4. 使い捨て →
5. 賞味期限 →
6. 振替休日 →
7. 墓参り →
8. 自慢 →

正解(せいかい) 정답

1. さんか 2. はなふだ 3. くちがかたい 4. つかいすて
5. しょうみきげん 6. ふりかえきゅうじつ 7. はかまいり 8. じまん

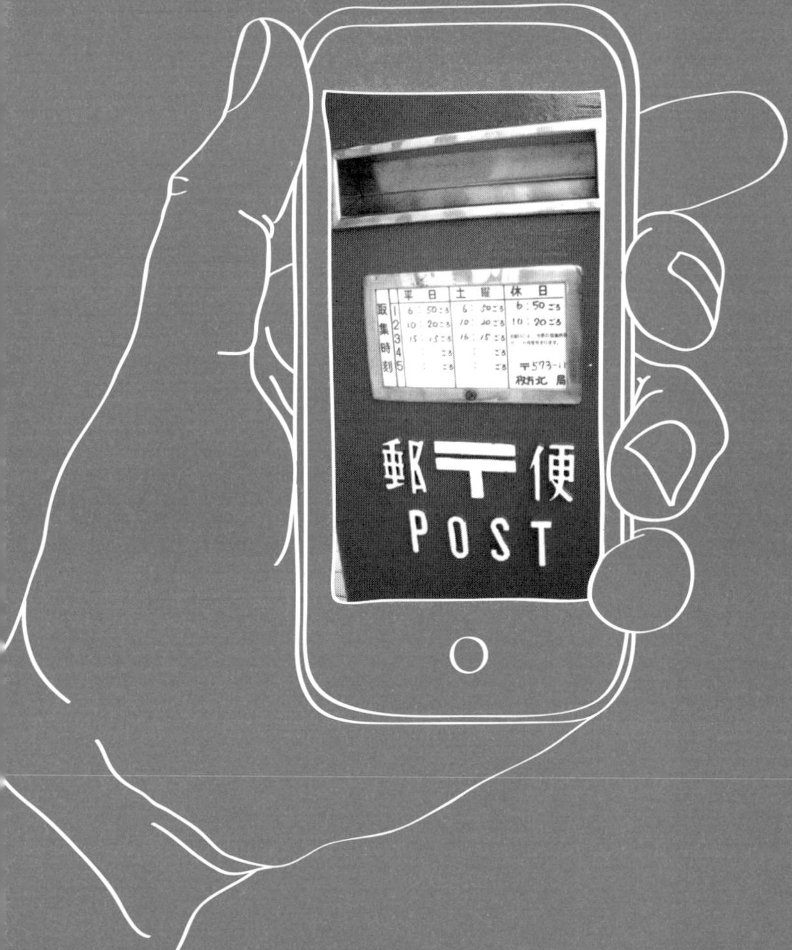

집중 공략 한자
▼
집중 공략 한자 TEST
▼
한자 읽기 법칙
▼
미니 지식

UNIT 14

우체국·보험

郵便局ゆうびんきょく·保険ほけん

우체국 | 郵便局ゆうびんきょく

郵便料金ゆうびんりょうきん	우편 요금
切手きって	우표
便箋びんせん	편지지
封筒ふうとう	봉투
受うけ取とり	수취
受うけ取とり通知つうち	수취 알림
不在通知ふざいつうち	부재 알림
満期まんき	만기
発送はっそう	발송
(再)配達(さい)はいたつ	(재)배달
普通郵便ふつうゆうびん	보통 우편
速達そくたつ	속달
書留かきとめ	등기
着払ちゃくばらい	착불
私書箱ししょばこ	사서함

생생 공략 한자 不

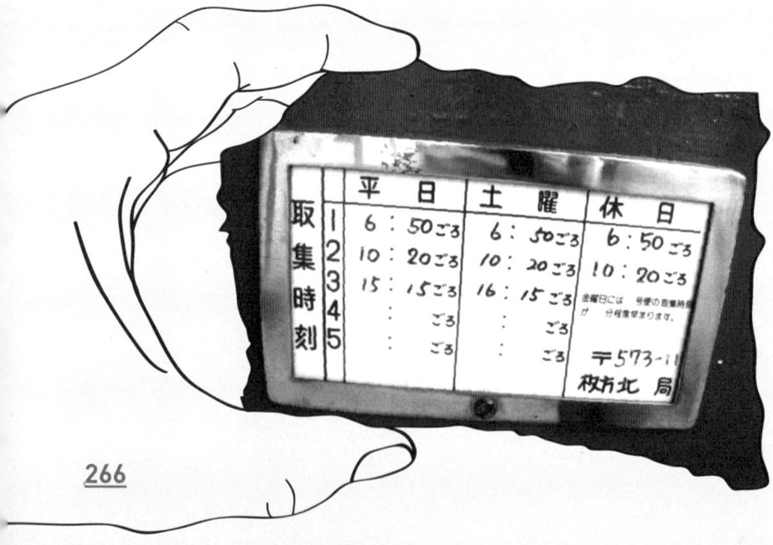

자주 공략 한자 見	
年賀状 ねんがじょう	연하장
暑中見舞い しょちゅうみまい	복중 문안
往復葉書 おうふくはがき	왕복 엽서
官製 かんせい 葉書 はがき	관제 엽서
자주 공략 한자 重	
小型包装物 こがたほうそうぶつ	소형 포장물
重量 じゅうりょう	중량
国内 こくない	국내
国際小包 こくさいこづつみ	국제 소포
冊子小包 さっしこづつみ	책자 소포
航空便 こうくうびん	항공편
航空書簡 こうくうしょかん	항공 편지
자주 공략 한자 代	
船便 ふなびん	배편
代金引換 だいきんひきかえ	대금 상환
取集 とりあつめ 時刻 じこく	한데 모으는 시각

보험 | 保険ほけん

保険料ほけんりょう	보험료
保険金ほけんきん	보험금
確認かくにん	확인
契約けいやく	계약
(再)発行(さい)はっこう	(재)발행
(中途)解約(ちゅうと)かいやく	(중도) 해약
請求せいきゅう	청구
健康保険けんこうほけん	건강 보험
学資保険がくしほけん	학자금 보험
火事保険かじほけん	화재 보험
入院保険にゅういんほけん	입원 보험
養老保険ようろうほけん	양로 보험
死亡保険しぼうほけん	사망 보험
給付金きゅうふきん	급부금
110番ひゃくとおばん直結ちょっけつ	경찰서 직접 연결

14 집중 공략 한자

不

음 : フ　ブ

훈 : –

	不自由ふじゆうだ	자유롭지 못하다
•	不況ふきょう	불황
•	不始末ふしまつ	뒤처리가 허술함
	不動産ふどうさん	부동산
•	不器用ぶきよう	손재주가 없음

見

음 : ケン

훈 : みる　みえる

•	見当けんとう	짐작, 예측
•	偏見へんけん	편견
	見みる	보다
	見みえる	보이다
•	見込みこみ	예상, 예측
•	見積書みつもりしょ	견적서
•	見通みとおし	예측, 전망

重

음 : ジュウ　チョウ

훈 : おもい　え　かさなる　かさねる

	重態じゅうたい	중태
	体重たいじゅう	체중
•	貴重きちょう	귀중
•	慎重しんちょう	신중
•	丁重ていちょう	정중
•	尊重そんちょう	존중
	重おもい	무겁다
•	二重ふたえ	2중
•	重かさなる	겹쳐지다
•	重かさねる	겹치다

代

음 : ダイ　タイ　シロ

훈 : かわる　かえる

	世代せだい	세대
	現代げんだい	현대
●	前代未聞ぜんだいみもん	전대미문
●	代謝たいしゃ	(신진)대사
●	交代こうたい	교대
●●	身みの代金しろきん	몸값
	代かわる	바뀌다
	代かえる	바꾸다

事

음 : ジ　ズ

훈 : こと

	事件じけん	사건
	事故じこ	사고
	火事かじ	화재
●●	好事家こうずか	별난 것을 좋아하는 사람
●	出来事できごと	사건, 일
●	見事みごとだ	훌륭하다, 뛰어나다
	仕事しごと	일

14 집중 공략 한자 TEST

Ⅰ. 次の下線をつけた言葉はどのように読みますか。(A)から(D)の中で一つ選んでください。

1. 1問に正解が3つあるという前代未聞の出題ミスが見つかりました。
   (A) ぜんたいみもん　(B) ぜんだいみもん
   (C) ぜんたいみぶん　(D) ぜんだいみぶん

2. 体の不自由な人のための専用席がある。
   (A) ふじゆうな　(B) ぶじゆうな　(C) ふじゆな　(D) ぶじゆな

3. 彼女は見事な演技力のために長い間人気がある。
   (A) けんじ　(B) げんじ　(C) みこと　(D) みごと

4. 貴重な時間をわざわざ割いてくださり、ありがとうございました。
   (A) きじゅう　(B) ぎじゅう　(C) きちょう　(D) ぎちょう

5. 相手企業の見積書をもらってから商談にとりかかった。
   (A) けんせきしょ　(B) けんせっしょ
   (C) みせきがき　(D) みつもりしょ

Ⅱ. 次の下線をつけた言葉はどのような漢字を書きますか。(A)から(D)の中で一つ選んでください。

6. せだいかんの問題を問う議論が盛んになってきている。

(A) 世大間 (B) 世対間 (C) 世代間 (D) 世題間

7. かじの際は119番に電話してください。

(A) 火時 (B) 火字 (C) 火知 (D) 火事

8. じゅうたいの患者が運ばれてきた。

(A) 中熊 (B) 重態 (C) 中態 (D) 重熊

9. 彼はぶきような手つきでおはしを使っていた。

(A) 無器用な (B) 無気用な (C) 不器用な (D) 不気用な

10. 彼はジャズに対して強いへんけんを持っている。

(A) 偏件 (B) 偏見 (C) 編見 (D) 編件

해석 및 정답

1. １問に正解が３つあるという前代未聞の出題ミスが見つかりました。

해석

한 문제에 정답이 세 개 있다는 전대미문의 출제 실수가 발견되었습니다.

어휘 正解せいかい 정답　前代未聞ぜんだいみもん 전대미문　出題しゅつだい 출제
見みつかる 발견되다, 들키다

정답 (B)

2. 体の不自由な人のための専用席がある。

몸이 자유롭지 못한 사람을 위한 전용석이 있다.

어휘 体からだ 몸　不自由ふじゆうな 자유롭지 못한　専用席せんようせき 전용석

정답 (A)

3. 彼女は見事な演技力のために長い間人気がある。

그녀는 훌륭한 연기력 덕분에 오랫동안 인기가 있다.

어휘 見事みごとな 훌륭함, 뛰어남　演技力えんぎりょく 연기력
長ながい間あいだ 오랫동안　人気にんき 인기

정답 (D)

4. 貴重な時間をわざわざ割いてくださり、ありがとうございました。

귀중한 시간을 일부러 내어주셔서 감사했습니다.

어휘 貴重きちょう 귀중　時間じかんを割さく 시간을 할애하다

정답 (C)

5. 相手企業の見積書をもらってから商談にとりかかった。

상대 기업의 견적서를 받고 나서 상담에 착수했다.

어휘 相手あいて 상대방　企業きぎょう 기업　見積書みつもりしょ 견적서
商談しょうだん 상담

정답 (D)

해석

6. せだいかんの問題を問う議論が盛んになってきている。

세대 간의 문제를 묻는 논의가 활발해지고 있다.

어휘 世代間せだいかん 세대 간 問題もんだい 문제 問とう 묻다, 추궁하다
議論ぎろん 논의, 토론 盛さかん 번성함, 유행함

정답 (C)

7. かじの際は119番に電話してください。

화재 시에는 119번에 전화해 주세요.

어휘 火事かじ 화재 ～際さい ～때 ～番ばん ～번 電話でんわ 전화

정답 (D)

8. じゅうたいの患者が運ばれてきた。

중태인 환자가 실려 왔다.

어휘 重態じゅうたい 중태 患者かんじゃ 환자 運はこぶ 옮기다, 운반하다

정답 (B)

9. 彼はぶきような手つきでおはしを使っていた。

그는 서투른 손놀림으로 젓가락을 사용하고 있었다.

어휘 不器用ぶきような 서투른, 손재주가 없는 手てつき 손놀림 使つかう 사용하다

정답 (C)

10. 彼はジャズに対して強いへんけんを持っている。

그는 재즈에 대해서 강한 편견을 가지고 있다.

어휘 ～に対たいして ～에 대해서 強つよい 강하다 偏見へんけん 편견
持もつ 가지다, 들다

정답 (B)

14 한자 읽기 법칙

당 → トウ

当 党 唐 糖

当

음 : **トウ**
훈 : あたる　あてる

当然とうぜん 당연
妥当だとう 타당
当あ**たる** 맞다, 해당하다
当あ**てる** 맞히다, 대다

党

음 : **トウ**
훈 : -

党派とうは 당파
与党よとう 여당

唐

음 : **トウ**
훈 : から

唐突とうとつ 당돌
唐辛子とうがらし 고추
唐から 당(나라)

糖

음 : **トウ**
훈 : –

糖分とうぶん 당분
砂糖さとう 설탕

예외) 당 → **ドウ**

堂

음 : **ドウ**
훈 : –

食堂しょくどう 식당
殿堂でんどう 전당

분 → フン

分 粉 紛 奮 雰 噴

分

음 : フン
훈 : わける　わかる

分別ふんべつ 분별
分わける 나누다
分わかる 알다
※ ブン → 自分じぶん 자기 자신
区分くぶん 구분
특) 分解ぶんかい 분해
大分だいぶ 꽤

粉

음 : フン
훈 : こ　こな

粉末ふんまつ 분말
粉乳ふんにゅう 분유
小麦粉こむぎこ 밀가루
粉こな 가루

紛

음 : **フン**

훈 : まぎれる　まぎらす　まぎらわしい

紛失ふんしつ 분실

内紛ないふん 내분

紛まぎ**れる** 헷갈리다

紛まぎ**らす** 얼버무리다

紛まぎ**らわしい** 혼동하기 쉽다

奮

음 : **フン**

훈 : ふるう

奮起ふんき 분기

興奮こうふん 흥분

奮ふる**う** 흥분하다, 분발하다

雰

음 : **フン**

훈 : –

雰囲気ふんいき 분위기

噴

음 : フン
훈 : ふく

噴水ふんすい 분수
噴火ふんか 분화
噴ふく 내뿜다

예외) 분 → ホン　ボン

奔

음 : ホン
훈 : -

奔走ほんそう 분주

盆

음 : ボン
훈 : -

盆栽ぼんさい 분재

MEMO
メモ

미니 지식

まめちしき
豆知識

✲ 다음 내용을 읽고, 밑줄 친 히라가나는 한자(漢字)로, 한자(漢字)는 히라가나로 바꿔서 해답란에 쓰세요.

喫煙について最近(さいきん)分(わ)かってきたことは、じつはタバコをやめたくても禁煙できないのは、意志のよわさではなくてニコチン依存(いぞん)が影響しているということです。例(たと)えば、「吸(す)い始(はじ)めの頃(ころ)にくらべて本数(ほんすう)が増(ふ)えた」「タバコを吸(す)わないとイライラしたり、不安感(ふあんかん)がつよくなったり、不快感(ふかいかん)がつよくなったりする」などの状態(じょうたい)は、その現(あらわ)れと言(い)えます。逆(ぎゃく)に考(かんが)えれば、適切な方法(ほうほう)でニコチン依存(いぞん)を断(た)てれば、禁煙はせいこうするとも言(い)えます。

해석

흡연에 대하여 최근 알게 된 것은, 실은 담배를 끊고 싶어도 금연할 수 없는 것은 의지가 약해서가 아니라 니코틴 의존이 영향을 주고 있다는 것입니다. 예를 들어 '흡연 초기에 비해 개비 수가 늘었다', '담배를 피우지 않으면 초조해지거나 불안감이 강해지거나 불쾌감이 강해진다' 등의 상태는 그 현상이라고 말할 수 있습니다. 반대로 생각하면 적절한 방법으로 니코틴 의존을 끊을 수 있다면 금연은 성공한다고도 말할 수 있습니다.

히라가나 → 한자	한자 → 히라가나
1. じつ →	6. 喫煙 →
2. よわさ →	7. 禁煙 →
3. くらべて →	8. 意志 →
4. つよく →	9. 影響 →
5. せいこう →	10. 適切な →

正解(せいかい) 정답

1. 実 2. 弱さ 3. 比べて 4. 強く 5. 成功
6. きつえん 7. きんえん 8. いし 9. えいきょう 10. てきせつな

UNIT 15
음식
食たべ物もの

메뉴 1　献立こんだて 1

揚あげ物もの	튀긴 음식
うな重じゅう	장어에 소스를 발라서 구운 뒤 밥에 얹은 사각 도시락
駅弁えきべん	기차 안이나 역에서 파는 도시락
お好このみ焼やき	오코노미야키
お茶漬ちゃづけ	밥에 차를 부은 일본 요리
親子丼おやこどん	닭고기 계란 덮밥
粥かゆ	죽
唐揚からあげ	닭 튀김
牛丼ぎゅうどん	쇠고기 덮밥
餃子ぎょうざ	만두
串焼くしやき	(생선·조개·고기·야채 등을) 꼬챙이에 꿰어서 구운 음식
果物くだもの	과일
酒さけの肴さかな	술안주
寿司すし	초밥

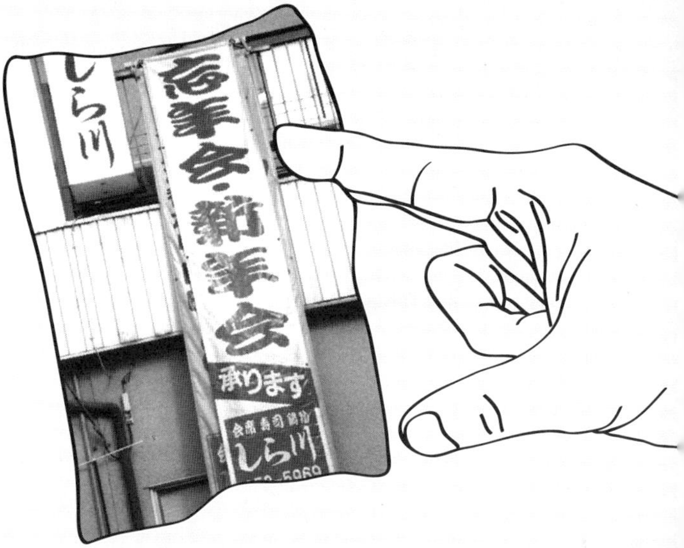

刺身さしみ	생선회
塩焼しおやき	소금구이
重箱じゅうばこ	찬합(층층이 포갤 수 있는 서너 개의 그릇을 한 벌로 하여 만든 음식 그릇)
酢豚すぶた	탕수육
雑炊ぞうすい	채소나 어패류 등을 잘게 썰어 넣고 된장이나 간장으로 간을 맞추어 끓인 죽
雑煮ぞうに	신년 축하 요리의 하나로, 나물·무·토란 등과 닭고기·어묵 등을 넣고 된장이나 간장으로 간을 맞춰 끓인 떡국
たこ焼やき	다코야키
茶碗蒸ちゃわんむし	가다랑어포를 우린 국물에 달걀을 푼 뒤, 고기·표고·은행·어묵 등의 고명과 함께 밥공기에 넣어 뚜껑을 닫고 찐 것
定食ていしょく	정식
照てり焼やき	(생선·조개·고기 등을) 간장·설탕·미림으로 만든 양념장을 발라 윤이 나게 구운 것
天丼てんどん	튀김을 얹은 덮밥
天てんぷら	튀김
丼どんぶり	덮밥

鍋物なべもの　(스키야끼 등) 냄비에 익히면서 먹는 요리

煮物にもの　조림 요리

八宝菜はっぽうさい　팔보채

半熟卵はんじゅくたまご　반쯤 익도록 삶은 달걀

麻婆豆腐マーボーとうふ　마파두부

幕まくの内弁当うちべんとう　깨를 묻힌 주먹밥에 반찬을 곁들인 도시락

焼肉やきにく　불고기

焼やき飯めし　볶음밥

野菜炒やさいいため　야채 볶음

梅干うめぼし　매실 장아찌

吸すい物もの　맑은 장국

酢すの物もの　(생선·조개·채소·바닷말 등을) 식초로 조미한 요리

漬物つけもの　채소를 절인 식품

冷奴ひややっこ　차가운 두부에 다진 생강과 파, 간장을 곁들인 요리

紅生姜べにしょうが　붉은 생강 절임

味噌汁みそしる　된장국

메뉴 2　献立こんだて 2

食たべ放題ほうだい　뷔페

盛もり合あわせ　한 그릇에 여러 가지 음식이 담김

一膳いちぜん　밥 한 공기

一人前いちにんまえ　1인분

お一人様ひとりさま	한 분
パイ生地きじ	파이 반죽
お通とおし	(음식점에서) 주문한 요리에 앞서 나오는 간단한 안주
先付さきづけ	전채 요리, 애피타이저(appetizer)
仕出しだし	주문을 받아 요리를 만들어 배달해 줌
前菜ぜんさい	전채(식사 전에 나오는 약간의 요리)
屋台やたい	포장마차
懐石料理かいせきりょうり	다도회(茶道会)에서 차를 마시기 전에 내는 요리
一品料理いっぴんりょうり	(요리집 등에서) 한 가지씩 주문에 따라 내는 요리
食券しょっけん	식권
手作りてづくり	손으로 만든 것
出前でまえ	요리 배달
日替ひがわり	매일 바뀜
特別とくべつメニュー	특별 메뉴
幸さち	바다나 산에서 나는 식품
激辛げきから	아주 매운 맛
ピリ辛から	얼얼함이 오는 매운 맛

15 집중 공략 한자

地

음 : ジ　チ

훈 : -

	地震じしん	지진
•	地団太じだんだ	(괘씸하거나 분해서) 발을 동동 구름
•	意気地いくじ	고집, 패기
	地域ちいき	지역
•	発祥地はっしょうち	발상지
•	遊園地ゆうえんち	유원지
•	空地あきち	공터, 빈터

台

음 : ダイ　タイ

훈 : -

	～台だい	～대(자동차, 기계 등을 세는 단위)
	台所だいどころ	부엌
•	台風たいふう	태풍
•	台頭たいとう	대두
•	舞台ぶたい	무대
•	屋台やたい	포장마차

品

음 : ヒン

훈 : しな

	商品しょうひん	상품
	製品せいひん	제품
•	品切しなぎれ	품절
•	品物しなもの	물건

作

음 : サク　サ

훈 : つくる

	作成さくせい	작성
	名作めいさく	명작
•	作用さよう	작용
•	作業さぎょう	작업
•	動作どうさ	동작
•	操作そうさ	조작
	作つくる	만들다

幸

음 : コウ

훈 : しあわせ　さいわい　さち

幸福こうふく	행복
• 不幸ふこう	불행
幸しあわせだ	행복하다
• 幸さいわい	다행
• 海うみの幸さち、山やまの幸さち	산해진미

MEMO

メモ

15 집중 공략 한자 TEST

Ⅰ. 次の下線をつけた言葉はどのように読みますか。(A)から(D)の中で一つ選んでください。

1. 舞台でせりふを忘れて、顔から火が出るほどはずかしかった。
   (A) むだい　(B) むたい　(C) ぶだい　(D) ぶたい

2. だれにも怪我がなかったのは不幸中の幸いでした。
   (A) ふこうちゅうのさいわい　(B) ふこうちゅうのからい
   (C) ふしあわせちゅうのさいわい　(D) ふしあわせちゅうのからい

3. その店ではあらゆる種類の品物を売っている。
   (A) しなもの　(B) しなぶつ　(C) ひんもの　(D) ひんぶつ

4. 操作の簡単な洗濯機。
   (A) そさ　(B) そうさ　(C) そさく　(D) そうさく

5. 古代文明の発祥地で有名な都市を訪れた。
   (A) はっそうち　(B) はちそうじ
   (C) はっしょうち　(D) はちしょうじ

Ⅱ. 次の下線をつけた言葉はどのような漢字を書きますか。(A)から(D)の中で一つ選んでください。

6. だいどころで変な音がした。
(A) 大所　(B) 台所　(C) 代所　(D) 貸所

7. 今、大事な書類をさくせいしている。
(A) 昨製　(B) 昨成　(C) 作製　(D) 作成

8. ガラスせいひんには注意した方がいい。
(A) 制品　(B) 制物　(C) 製品　(D) 製物

9. 貧乏ですが、十分しあわせです。
(A) 幸せ　(B) 辛せ　(C) 福せ　(D) 伸せ

10. じしんの時に感じた恐怖は言葉で表現できない。
(A) 自信　(B) 自身　(C) 土震　(D) 地震

해석 및 정답

해석

1. 舞台でせりふを忘れて、顔から火が出るほどはずかしかった。

무대에서 대사를 잊어버려 얼굴이 화끈거릴 정도로 부끄러웠다.

어휘 舞台ぶたい 무대　忘わすれる 잊다
顔かおから火ひが出でる (부끄러워서) 얼굴이 화끈거리다

정답 (D)

2. だれにも怪我がなかったのは不幸中の幸いでした。

누구에게도 부상이 없었던 것은 불행 중 다행이었습니다.

어휘 怪我けが 부상, 다침　不幸中ふこうちゅうの幸さいわい 불행 중 다행

정답 (A)

3. その店ではあらゆる種類の品物を売っている。

그 가게에서는 온갖 종류의 물건을 팔고 있다.

어휘 店みせ 가게　あらゆる 온갖, 모든　種類しゅるい 종류　品物しなもの 물건, 물품
売うる 팔다

정답 (A)

4. 操作の簡単な洗濯機。

조작이 간단한 세탁기.

어휘 操作そうさ 조작　簡単かんたんだ 간단하다　洗濯機せんたくき 세탁기

정답 (B)

5. 古代文明の発祥地で有名な都市を訪れた。

고대 문명의 발상지로 유명한 도시를 방문했다.

어휘 古代こだい 고대　文明ぶんめい 문명　発祥地はっしょうち 발상지
有名ゆうめいだ 유명하다　都市とし 도시　訪おとずれる 방문하다

정답 (C)

해석

6. だいどころで変な音がした。

부엌에서 이상한 소리가 났다.

어휘 台所だいどころ 부엌　変へんだ 이상하다　音おとがする 소리가 나다

정답 (B)

7. 今、大事な書類をさくせいしている。

지금 중요한 서류를 작성하고 있다.

어휘 今いま 지금　大事だいじだ 중요하다, 소중하다　書類しょるい 서류　作成さくせい 작성

정답 (D)

8. ガラスせいひんには注意した方がいい。

유리 제품에는 주의하는 편이 좋다.

어휘 製品せいひん 제품　注意ちゅうい 주의　～方ほうがいい ～편이 좋다

정답 (C)

9. 貧乏ですが、十分しあわせです。

가난하지만, 충분히 행복합니다.

어휘 貧乏びんぼうだ 가난하다　十分じゅうぶん 충분히　幸しあわせだ 행복하다

정답 (A)

10. じしんの時に感じた恐怖は言葉で表現できない。

지진 때에 느낀 공포는 말로 표현할 수 없다.

어휘 地震じしん 지진　感かんじる 느끼다　恐怖きょうふ 공포　言葉ことば 말, 언어, 단어　表現ひょうげん 표현

정답 (D)

15 한자 읽기 법칙

편 → ヘン

片　編　偏　遍

片

음 : ヘン
훈 : かた

片雲へんうん 조각구름
破片はへん 파편
片かた 조각
※ ペン → 断片だんぺん 단편, 조각

編

음 : ヘン
훈 : あむ

編集へんしゅう 편집
長編ちょうへん 장편
編あむ 짜다
※ ペン → 短編たんぺん 단편

偏

음 : ヘン
훈 : かたよる

偏食へんしょく 편식
偏見へんけん 편견
偏かたよる 치우치다

遍

음 : ヘン
훈 : –

遍歴へんれき 편력
普遍ふへん 보편

예외) 편 → ベン　ビン

便

음 : ベン　ビン
훈 : たより

便利べんり 편리
郵便局ゆうびんきょく 우체국
便たより 소식, 편지

간 → カン

干 刊 肝 看 間 幹 簡

干

음 : **カン**
훈 : ひる　ほす

- 干渉かんしょう 간섭
- 若干じゃっかん 약간
- 干上ひあがる 완전히 말라붙다
- 干ほす 말리다

刊

음 : **カン**
훈 : –

- 刊行かんこう 간행
- 発刊はっかん 발간

肝

음 : **カン**
훈 : きも

- 肝臓かんぞう 간장
- 肝心かんじん 중요함
- 肝きも 간

看

음 : **カン**

훈 : –

看板かんばん 간판

看護かんご 간호

間

음 : **カン　ケン**

훈 : あいだ　ま

13과 집중 공략 한자

間隔かんかく 간격

時間じかん 시간

空間くうかん 공간

世間せけん 세상

人間にんげん 인간

間あいだ 사이

間ま 사이

幹

음 : **カン**

훈 : みき

幹事かんじ 간사

新幹線しんかんせん 신칸센

幹みき 나무 줄기

簡

음 : **カン**

훈 : –

簡単かんたん 간단

書簡しょかん 서간, 편지

미니 지식

まめちしき
豆知識

✲ 밑줄 친 한자(漢字)의 읽는 방법(読み方)을 해답란에 쓰세요.

	이런 말 있을까요?	일본 사람은 이렇게 말해요
회사의 이사	(×) 会社の理事	(○) 会社の取締役
불조심	(×) 火操心	(○) 火の用心
사자성어	(×) 四字成語	(○) 四字熟語
화장이 잘 먹는다	(×) 化粧がよく食べる	(○) 化粧ののりがいい
저출산화	(×) 低出産化	(○) 少子化
눈싸움	(×) 雪げんか	(○) 雪合戦
전세 버스	(×) 専貫バス	(○) 貸切りバス
달걀 프라이	(×) たまごフライ	(○) 目玉焼き

한자 → 읽는 방법
1. 取締役 →
2. 火の用心 →
3. 四字熟語 →
4. 化粧 →
5. 少子化 →
6. 雪合戦 →
7. 貸切り →
8. 目玉焼き →

正解(せいかい) 정답

1. とりしまりやく	2. ひのようじん	3. よじじゅくご	4. けしょう
5. しょうしか	6. ゆきがっせん	7. かしきり	8. めだまやき

완벽하게 소화하는

일본어 한자 -생활 일본어 편-

초판 1쇄 발행일 2015년 1월 9일

지은이 최은준
펴낸이 박영희
편집 배정옥 · 유태선
디자인 김미령 · 박희경
인쇄 · 제본 AP 프린팅
펴낸곳 도서출판 어문학사
서울특별시 도봉구 쌍문동 523-21 나너울 카운티 1층
대표전화: 02-998-0094/편집부1: 02-998-2267, 편집부2: 02-998-2269
홈페이지: www.amhbook.com
트위터: @with_amhbook
블로그: 네이버 http://blog.naver.com/amhbook
다음 http://blog.daum.net/amhbook
e-mail: am@amhbook.com
등록: 2004년 4월 6일 제7-276호

ISBN 978-89-6184-357-7 13730
정가 15,000원

이 도서의 국립중앙도서관 출판예정도서목록(CIP)은 e-CIP홈페이지(http://www.nl.go.kr/ecip)와
국가자료공동목록시스템(http://www.nl.go.kr/kolisnet)에서 이용하실 수 있습니다.
(CIP제어번호: CIP2014037510)